VIE

DE M. L'ABBÉ

DE LAROQUE,

CHANOINE ET PRÉVOT
DE L'ÉGLISE D'AUCH,
ET GRAND VICAIRE
DU DIOCÈSE.

PAR M. L'ABBÉ ✱✱✱.

A AUCH,

De l'Imprimerie de J. P. DUPRAT,
Maître-ès-Arts.

M. DCC. LXXXVIII.
AVEC PRIVILÉGE DU ROI.

ÉPITRE
AU CLERGÉ D'AUCH.

MESSIEURS,

LA Vie que nous vous préſentons, eſt une vie qui vous appartient : c'eſt le fidelle tableau des vertus qui pendant près de vingt ans ont fait votre édification, vos délices & votre gloire. L'Abbé de Laroque a vécu parmi vous & avec vous ; il étoit l'ami de vous tous ; il n'en eſt aucun qui n'ait goûté cette vertu ſolide à la fois & aimable, qui avoit une ſi grande analogie avec la vôtre ; pas un ſeul peut-être qui n'ait ſouvent eu part aux tendres effuſions de ſon cœur. Avec quelle attrayante affabilité venoit-il à vous ? Avec quelle confiance touchante alliez-vous à lui ? L'avez - vous jamais vu ſans l'eſti-mer, & vous y attacher davantage ? Êtes-vous jamais forti d'auprès de lui fans vous fentir pénétré d'une vénération plus profonde ? Sa vie fut pour vous une jouiffance ; fa mort a été un deuil qui dure encore : fon fouvenir vous retracera toujours le Prêtre vertueux, & un ami.

Mais nous ofons vous le dire, vous n'avez pas connu l'Abbé de Laroque tout entiér ; & le mérite que vous avez vu de vos yeux, doit vous rendre avide de celui qui vous refte à connoître.

Né dans un Diocèfe étranger, élevé loin de vous, fes premières années furent dérobées à vos regards. Quelle fut fa jeuneffe, & par quelle route étoit-il arrivé au point de perfection où vous l'avez vu ? Si dans le temps que vous l'avez connu, il étoit le modèle des Prêtres, à l'âge où vous ne le connoiffiez pas encore, ne pouvoit-il pas être le modèle de ceux qui veulent le devenir ; & cette partie de fa vie ne pourroit-elle pas intéreffer autant que l'autre, dans un temps fürtout où les jeunes gens deftinés à l'Églife ont tant befoin de leçons vivantes, & d'exemples parlans ?

Dans cette vue, vous nous permettrez des détails qui, n'étoit ce motif, pourroient sembler inutiles, & des réflexions qui pourroient paroître superflues, ou déplacées.

Nous savons que les premiers écarts n'excluent pas aujourd'hui du Sacerdoce quand une fois ils sont bien réparés ; nous savons que la Grâce se plaît quelquefois à montrer sa douceur, & sa force, en faisant des pierres même profanées, les pierres sacrées du Sanctuaire ; & si on osoit le dire, il semble que comme le Soleil, quoique obscurci d'abord par les brouillards du matin, ne laisse pas que d'éclairer durant le reste du jour, & d'échauffer la Terre, il semble, disons-nous de même, qu'un Lévite, dont la jeunesse n'auroit pas été exempte de taches, peut néanmoins par la profondeur de son humilité, & l'éminence de sa vertu, être le sel de la Terre, & la lumière du Monde. Mais la jeunesse de l'Abbé de Laroque n'a rien qui puisse rassurer cette sacrilége témérité qui, toute fumante de crime, oseroit se placer dans le Saint des Saints.

La jeuneſſe de notre Abbé n'eſt point de
celles ſur leſquelles on eſt obligé de jeter
un voile. Cet aſtre n'a point ſouffert d'é-
clipſe, & nous ne pourrions, ſans injuſtice,
ne pas compter tous les momens qu'il a paru
ſur la terre.

Nous nous ſommes procuré avec le plus
grand ſoin tout ce qui pouvoit éclairer cette
importante partie da la Vie que nous écrivons, & nous nous ferions un crime de rien
avancer ſans preuve ; l'exagération & le
menſonge figureroient mal dans la vie d'un
Homme qui fut toujours la candeur même.
C'eſt un devoir pour nous de ne rien écrire
que ce qui nous ſera dicté par la vérité.

Nous ne trouverons pas ici de ces Miracles éclatans qui entraînent l'admiration,
& que rejette l'orgueil de la Philoſophie
moderne, parce qu'elle ne veut rien reconnoître au - deſſus d'elle ; & plus encore,
parce qu'elle ne veut pas être gênée dans
ſes maximes hardies, non plus que dans ſes
mœurs licentieuſes ; mais nous verrons une
vie conſacrée au Seigneur, toute entière ;
une vie qu'on peut imiter, & qui, pour cela

même, mérite mieux d'être connue ; une
vie qui honore la Religion, & que la Philosophie elle-même doit respecter, si elle
ne veut trahir la haine secrète qu'elle porte
au bien de l'humanité. Si cependant quelques faits semblent sortir de l'ordre de la
nature, nous les rapporterons avec simplicité comme les autres, parce que ce font
des faits comme les autres. Que diroit la
Physique, si on s'avisoit de contester ses
découvertes, sous prétexte qu'elles font un
paradoxe pour le Peuple. En fait de Religion révélée tout est Peuple, & la raison
n'a aucun droit contre des faits suffisamment
attestés.

Nous ne diviserons pas cette Vie, trop
souvent les divisions affoiblissent l'intérêt en
le morcelant ; d'ailleurs, les différentes
époques qu'elle présente, ameneront assez
d'ordre, & jeteront assez de jour pour éviter
la confusion. Une Table suivra, & indi-
quera les circonstances les plus utiles & les
plus frappantes.

Que ne pouvons - nous aussi facilement
éviter d'affoiblir l'intérêt de cette Vie pré-

cieufe, par notre manière de l'écrire ! Le
fujet vous préviendra, vous compterez pour
quelque chofe notre bonne volonté ; nous
écrivons pour la première fois, & fans autre
prétention que celle d'être utiles. Vous nous
jugerez au feul tribunal de vos cœurs, &
nos fautes vous paroîtront graciables. Si
notre ftyle pouvoit nuire à la mémoire de
l'Abbé de Laroque, ce feroit là plus vive
de nos peines : ne balancez pas à brûler
notre ouvrage, s'il eft un inftant où vous
fentiez diminuer la vénération que vous
avez pour celui qui en eft le héros.

Nous ferons trop heureux, fi nous pou-
vous rendre à Dieu quelque gloire, élever
un monument aux vertus d'un Prêtre dont
la mémoire eft digne d'une vénération éternelle, & vous faire agréer notre profond
refpect & nos hommages.

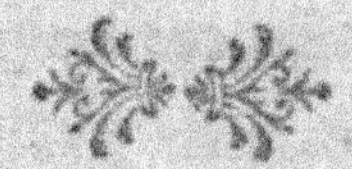

VIE

DE M. L'ABBÉ

DE LAROQUE.

LE vénérable Prêtre dont nous écrivons la Vie, naquit à Condom de Messire Pierre-Amand de Laroque, & de Dame Jeanne de Melet de Fondelin, le 10 Mai 1741, & il y fut baptisé deux jours après dans l'Église paroissiale de St. Pierre. On lui donna le nom de Jean ; & il ne le reçut pas en vain : toute sa vie a été l'expression fidelle du bien-aimé Disciple de Jesus-Christ : il en copia surtout la douceur, la charité, le zèle des ames, la chasteté, & la dévotion à Marie.

Dieu, qui le destinoit à gagner des cœurs, lui donna une figure douce & prévenante. Il peignit fur fon front l'innocence, la candeur, & une gaieté modefte qui en eft le fruit : ceux qui l'ont connu, favent bien que c'étoit là le miroir de fon ame.

Cette première ébauche de la nature, ou plutôt cette annonce des vues de Dieu, atta-chèrent fingulièrement fes parens au nouveau né. Madame fa mère, qui donna des foins à tous fes enfans, en donna à celui-ci de plus tendres encore, & de plus affidus. Elle voyoit le monde, & fa maifon étoit ouverte à tout ce qu'il y avoit de mieux dans la Province ; mais elle n'oublia jamais, jamais elle ne né-gligea ce devoir facré dont les fruits font fi doux à une bonne mère, fi confolans pour la Religion, fi intéreffans pour la fociété ; auffi l'Églife & l'État, le Cloître & le Monde doi-vent-ils également à cette Famille refpectable.

Que j'aime à me repréfenter cette digne mère auprès de cet enfant dont la raifon étoit pré-coce, mêlant à fes careffes les inftructions qu'il pouvoit porter à cet âge, piquant fa curio-fité, répondant à fes queftions, & jetant dans fon ame, au lieu de maximes mondaines, des femences de droiture & de Religion. Tout fon but dans ces intéreffantes converfations, fi touchantes, & point trop prolongées, étoit

de le détourner du mal, & de le porter au bien.
C'étoit en conversant ainsi familièrement avec
lui, qu'elle lui apprit bientôt les élémens de
la Foi, les Commandemens de Dieu & de
l'Église, & les Prières de cet âge. « Hais le
» mensonge, mon fils, lui disoit-elle, & ne jure
» jamais ; crains Dieu, aime Dieu, & il sera
» toujours ton appui : il aime & il protège ceux
» qui l'aiment. Si tu manquois à tes parens, tu
» manquerois à Dieu même. » Nous verrons
bientôt le fruit de ces salutaires leçons, que
nous tenons de la bouche de celui-là même
qui les avoit reçues, & qui aima toujours à
se les rappeler. Il n'avoit encore que cinq ans,
& ce fut là comme son premier règlement de
vie ; il fut la sauve-garde de son innocence,
& sa ressource contre les frayeurs ordinaires à
son âge, & qui sont le triste fruit de la foiblesse
qui lui est propre, ou des vices de l'éducation.

Par principe de santé on le faisoit coucher
de meilleure heure que les autres enfans ; &
la volonté de ses parens, qu'il savoit déjà respecter & chérir, l'assujettissoit à ce régime,
malgré la peine qu'il en avoit. Souvent la peur
le saisissoit, & l'empêchoit de s'endormir, ou
le réveilloit en sursaut : mais ce qui est bien
extraordinaire à cet âge, c'est qu'il ne s'en

plaignit jamais. « Il me sembloit, nous a-t-il dit
» lui-même, que le démon me poursuivoit,
» & cette idée me remplissoit de terreur &
» d'amertume ; mais je ne disois ma peine
» à personne, & toute ma ressource étoit dans
» les principes que je tenois de ma mère. Le
» soin que Dieu prend de ceux qui l'aiment
» & qui obéissent à leurs parens, l'impossibi-
» lité où le démon est alors de leur nuire,
» tout cela se présentoit à mon esprit, & me
» calmoit. »

Ainsi cette heureuse mère recueilloit-elle
déjà, sans le savoir, le fruit de ses soins ;
preuve certaine que cet âge, l'espoir de la
Religion & de la Société, est susceptible de
toutes les impressions, & qu'il ne devroit pas
être facilement livré à toutes mains. Gravez
sur un jeune cœur des caractères de vertu, de
préjugé ou de vice, vous gravez des lettres sur
une écorce tendre ; vous les verrez croître avec
elle, & dans la même proportion. Vérité précieuse qui peut écarter mille maux, & amener
mille biens ! Par une suite de ce principe, ces
mots indécens, réservés autrefois à la licence
soldatesque, ou à la lie d'un peuple grossier,
& familiarisés aujourd'hui de bonne heure
avec des lèvres qui devroient être les plus

honnêtes, ne souillèrent jamais les lèvres de notre précieux Enfant. Il avoit une telle horreur pour le jurement, & pour tous les mots qui y ressemblent, qu'il ne pouvoit pas les entendre, & qu'il payoit même pour ne les entendre pas. Cent fois il vit ses Camarades abuser de sa rare délicatesse ; cent fois il aima mieux être dupe que de la compromettre : la seule menace de jurer devant lui, vidoit sa petite bourse. Or, cette horreur déjà si vive du jurement, d'où venoit-elle ? De cette parole souvent répétée par sa mère : « Mon fils, ne » jure jamais ; Dieu défend de jurer. »

Un autre principe que cette sage Institutrice s'empressa de graver dans le cœur de son fils, c'est l'amour des pauvres ; & à ses leçons elle ajouta l'exemple. Elle le faisoit le distributeur de ses aumônes, elle le menoit à l'Hôpital, où sa consolante présence, & ses secours abondans, lui avoient valu de la part des pauvres & des malades, le titre de mère spirituelle des Frères de la Charité. Titre peu touchant pour l'inhumain Égoïste qui n'aime que lui-même, ou pour le Mondain fastueux qui n'aime que la vanité ; mais titre honorable & bien doux pour l'ame honnête qui sait l'obtenir de l'humanité secourue.

C'eſt dans cette pieuſe école que le jeune Laroque puiſa cette commiſération & cette tendreſſe pour les pauvres & les membres ſouffrans
de Jeſus - Chriſt, qu'il ne ceſſa jamais, durant
toute ſa vie, de porter dans ſon cœur; & c'eſt
auſſi de cette tendreſſe qu'ont toujours coulé,
comme de leur ſource, les ſoins infinis qu'il
s'eſt donné pour les malheureux de toute eſpèce, & le digne emploi des revenus eccléſiaſtiques.

Dès lors il devint chez lui l'avocat des pauvres ; il vouloit leur apporter toutes les aumônes que faiſoit ſa famille ; s'il ne pouvoit les
ſoulager tous, & à ſon gré, il s'en affligeoit, il
leur donnoit ſon argent ; les enfans ſans chapeau, il les couvroit du ſien ; il prit des pains
entiers, & même des plats déjà ſervis, pour les
porter à ſes amis les pauvres. En faveur de
ſon motif & de ſon âge, on voudra bien lui
pardonner ces pieux excès.

Cet enfant de grâce, devoit être auſſi un
enfant de prière, & il l'étoit. Comme on
avoit pris ſoin de mettre de bonne heure dans
ſa bouche des paroles ſaintes, preſqu'auſſitôt
qu'il ſut bégayer, il bégaya, ſi on oſe le dire,
des prières ; ce cœur étoit déjà plein de Dieu,
& tout annonçoit le ſentiment de dévotion

& de ferveur qui les accompagnoit. Les yeux
baiffés ou fixés fur quelque dévote Image, les
genoux à plate terre, le corps immobile, fon
attitude dévoiloit fon ame, tout fon extérieur
peignoit la piété & déjà l'infpiroit. A l'Églife,
il étoit plus recueilli, & il étoit bien difficile
de l'y voir fans en être frappé : ces yeux er-
rans, ces airs diffipés, qui font comme les
étincelles de la légéreté de l'âge, jamais on
ne les vit en lui. Il paroiffoit tout occupé de
Dieu ; & il falloit bien qu'il le fut, puifque
fon recueillement étoit toujours le même, &
ne fe démentoit jamais. La contrainte & la
gêne ne produifent pas des fruits fi conftans,
& on ne fait que trop la grande difficulté,
pour ne pas dire l'impoffibilité qu'il y a à con-
tenir des enfans, & à fixer leur attention dans
cet âge folâtre, même avec l'œil attentif des
parens & des maîtres. Il faut donc convenir
que Dieu s'étoit déjà confacré ce jeune cœur.
Eh ! pourquoi non ? L'Efprit faint s'eft-il interdit d'agir fur le cœur des enfans, parce qu'ils
oppofent moins d'obftacles à fes opérations ?
Les Samuels, les Daniels, les Tobie, étoient-
ils bien avancés en âge quand il s'empara de
toute leur ame ? Cet âge, où l'on fe hâte de
planter le germe des connoiffances humaines,

feroit-il donc inacceffible aux leçons de la grâce, & fe lieroit-elle les mains pour ne lui rien apprendre de la fcience des Saints ? Anathème à cette philofophie funefte, dont les fruits. font déjà trop amers, qui veut qu'on attende bien plus tard à parler de Dieu, de la Religion & de la Vertu. Eh ! vraiment, ce fera bien le temps de jeter le bon grain dans la terre, lorfque déjà elle fera couverte de ronces qui l'empêcheront de naître, ou qui l'étoufferont auffitôt qu'il fera né !

Ofons donc louer Madame de Laroque d'avoir femé, de fi bonne heure, l'amour & la crainte de Dieu dans le cœur de fon fils ; ofons inviter toutes les mères & tous les Inftituteurs à fuivre cet exemple. Cette pratique fut celle des plus heureux temps de l'Églife, & toujours elle fut couronnée par le fuccès : pourquoi une expérience effrayante de plus de vingt ans vint-elle à l'appui de nos raifons ? On parle moins de Dieu aux enfans de nos jours, on les forme bien plutôt pour le monde ; quels font donc les fruits de cette nouvelle méthode ? On les voit, & on voudra bien nous épargner la douleur de les rappeler.

Si le petit Laroque fut un petit Saint prefqu'au fortir du berceau, il le dut bien moins à l'heureuſe inclination de la nature, qu'à la grâce, & à une éducation pleine de piété; de là venoit auſſi l'émotion, la vive impreſſion qu'excitoit en lui la vie des Saints, & celle des Hommes apoſtoliques. Au ſimple récit de leurs vertus & de leurs travaux, ſon viſage s'enflammoit, & on l'entendit un jour s'écrier: « Je veux auſſi moi aller convertir les » Maures ».

D'après ce que nous venons de dire, peut-être nous ſeroit-il permis d'attribuer à une ſecrète vocation à l'État Eccléſiaſtique, le goût décidé qu'il avoit pour tout ce qui concerne la Religion, le Culte divin, & nos Cérémonies ſacrées. Les appartemens, il s'étudioit à les convertir en Chapelles, il y dreſſoit des Autels, il y chantoit l'Office, il y copioit nos Myſtères ſaints: ce n'eſt pas que nous ignorions que tout cela n'eſt ſouvent qu'un jeu de l'enfance. Nous oſerons même aſſurer que ſi ce goût n'eſt que momentané, s'il ſe diſſipe avec l'âge, ſurtout s'il s'allie à des goûts mondains & peu analogues à l'État Eccléſiaſtique, il ne mérite pas la moindre attention; mais lorſque ce goût s'accroît de jour en jour au lieu de s'affoiblir, lorſqu'il devient de plus en plus le goût dominant de l'ame, lorſqu'il n'eſt pas même combattu par des goûts contraires, & que toutes les inclinations sont comme montées à cet unisson, qui osera décider qu'il ne vient pas de Dieu, & qu'il n'est pas une marque de vocation ?

Quoiqu'il en soit, le petit Laroque n'en demeura pas là ; & sa vocation qui venoit véritablement de Dieu, devoit être mieux marquée. Il n'avoit pas encore six ans, qu'il assura & qu'il répéta sans cesse, comme sans variation, qu'il vouloit être Prêtre : on n'y fit pas d'abord grande attention, parce qu'on ne crut voir dans ce langage que le langage d'un enfant : d'ailleurs rien ne pressoit ; il n'y avoit dans la famille aucun Bénéfice, aucune de ces espérances prochaines qui se mettent si souvent à la place de Dieu pour appeler à la Tonsure. On le dira même, puisqu'il est vrai & qu'il peut servir à la vérité, un foible de Madame de Laroque pour les beaux cheveux de son fils qu'elle peignoit elle-même, étoit un obstacle réel au désir de l'Aspirant. Ce foible, dira-t-on, n'étoit qu'une misère : d'accord ; mais ne sait-on pas l'ascendant que prennent quelquefois ces misères ; & les précautions qu'on prit lors de la Tonsure, prouvent bien qu'on ne crut pas devoir mépriser celle-ci ; elles prouvent aussi que la vocation ne venoit pas de la terre.

L'indifférence avec laquelle on accueillit dans la famille la demande du petit Laroque, l'affligea sans le rebuter ; avec des nouvelles instances & des instances plus vives, il sollicitoit tous les jours la grâce qu'il désiroit. Son père, qui ne savoit trop que penser de cette persévérance étonnante à cet âge, & qui craignoit, ou d'entrer dans les vues d'un enfant, ou de résister à Dieu, prit le parti sage de consulter son Évêque. Avec toute la franchise d'un Gentilhomme qu'éclaire la Religion, il lui exposa l'état des choses, l'âge tendre de son fils, ses goûts marqués aussi vivement qu'ils étoient vivement sentis, sa persévérance, le foible même de la mère. Tout bien pesé, M. l'Évêque décida que Dieu avoit des vues sur cet enfant, & il se détermina à le lui consacrer ; mais pour tout ménager, il pensa qu'il étoit expédient de le faire en secret, & sans exiger d'abord les marques extérieures, c'est-à-dire, le costume des Clercs.

L'Aspirant se vit ainsi au comble de ses vœux ; il promit sans peine le secret exigé, & il ne pensa plus qu'à se bien préparer à l'état qu'il alloit prendre. Les instructions qu'il reçut trouvèrent son ame ouverte par l'Esprit Saint, & devinrent la règle de sa conduite.

Le troisième jour de Novembre mil sept cent quarante-sept, il alla au Palais Épiscopal, comme Marie au Temple. L'innocence, la candeur & le recueillement y allèrent avec lui : la joie qui coloroit son visage en dilatant son ame, rendoit ses vertus plus touchantes encore. Le Prélat en fut frappé & ravi, & de plus en plus il fut persuadé que c'étoit ici le cas d'une exception aux règles : l'onction intérieure fait quitter sans regret à l'Aspirant la dépouille du siècle, & prononcer du fond de son cœur les paroles par lesquelles il prend le Seigneur pour l'unique & chère portion de son héritage.

Pour combien d'enfans cette cérémonie, toute touchante qu'elle est, n'auroit été qu'une cérémonie vide ! Hélas ! pour combien de Clercs plus âgés, l'est-elle peut-être tous les jours ! Combien de fois ne devient-elle pas l'occasion innocente de mille maux qui la suivent ! En permettant de porter un habit saint qui fait remarquer, elle ne fait que rendre les fautes des Clercs plus saillantes, les scandales plus frappans, & un certain décri plus sensible à la Religion. Quel spectacle plus déplorable aux yeux de la foi, que de voir des

Clercs, avec les marques de la Cléricature, se mêler avec la jeunesse licentieuse, & courir peut-être avec elle au théâtre! Mais ici la cérémonie est pleine, elle atteint son but tout entier. Le nouveau Clerc n'appartient plus au monde; en se revêtant du surplis, il se revêt de l'homme nouveau: heureux les Diocèses qui font de pareilles acquisitions!

La joie inondoit l'ame du nouveau Clerc, & cependant il ne laissa rien transpirer de son secret; mais il étoit de nature à ne pas l'être long-temps. On se souvient que Madame de Laroque peignoit elle-même son fils : quelle surprise lorsqu'elle aperçut sur sa tête les marques de la Tonsure, & quel embarras aussi pour notre jeune Tonsuré? Sa ressource fut de tomber aux genoux de sa mère, de les embrasser & de les mouiller de ses larmes. La mère y mêla les siennes, & s'appaisa : « Va, ajouta» t-elle, tu peux être Prêtre, tu seras en état » de garder le secret de la Confession ».

Depuis ce moment, son état n'étant plus un mystère, il en parloit avec plaisir, & il n'en avoit pas de plus grand, que d'entendre dire, que le petit Laroque avoit la Tonsure. Jusqueslà, il s'étoit appliqué à l'étude, au point d'interrompre quelquefois son sommeil pour étu

dier sa leçon ; jusques-là on avoit admiré en
lui un germe de talent, comme de vertu ; mais
depuis cette époque, il s'appliqua bien plus encore, & les progrès furent plus sensibles. Jamais on n'eut à lui reprocher une négligence :
il ne fuyoit pas dans les temps convenables
les amusemens de son âge ; mais ces amusemens ne prenoient rien sur son application.
Une chose qu'on aura peine à croire, quoique
très-vraie, c'est que déjà il maîtrisoit la faim,
qui assez souvent se faisoit sentir : elle étoit le
fruit d'un régime presqu'austère qu'avoit exigé
sa complexion délicate, & dont l'obéissance
lui faisoit un rigoureux devoir. Pour rien au
monde, il n'auroit mangé en cachette, & la
souffrance ne lui étoit rien auprès de l'obéissance.

Tel étoit l'Abbé de Laroque à l'âge de sept
ans : on eût dit que le Baptême & la vocation à l'État Ecclésiastique avoient éteint en
lui les saillies de la nature corrompue, pour
ne lui laisser d'autre désir que celui d'être à
Dieu, ni d'autre amour que celui de ses devoirs. Plusieurs fois le jour il prioit Dieu de
bénir ses études & toutes ses actions ; plus recueilli & plus fervent dans ses prières qu'il ne
l'étoit avant la Tonsure, il se surpassoit en as-

fistant à la Messe : il y étoit immobile s'il ne la servoit pas, & sa contenance annonçoit qu'il étoit comme absorbé par la présence de Dieu dans ce Mystère.

L'instruction avoit beaucoup aidé à le mener à ce point qui paroît incroyable : de très-bonne heure on lui avoit fait connoître l'esprit de nos Cérémonies, & surtout de celles qui accompagnent le saint Sacrifice. Cette connoissance le fixoit, l'attachoit, & le mettoit en état, s'il est permis de le dire, d'en exprimer le suc dans son ame avide. Autant de pareils exemples sont consolans pour la Reliligion, autant les exemples contraires la désolent. Eh ! quelle n'est pas aujourd'hui sa douleur en voyant des enfans impies dès leurs premières années ! Les enfans sans doute ont toujours été des enfans, & peut-être plus que de nos jours ; mais ils n'étoient qu'enfans ; ils étoient légers & volages dans le Temple, mais ils n'y étoient pas scandaleux ; ils y étoient distraits, mais ils y étoient sans indécence ; ils y lisoient peut-être à la dérobée des livres classiques, mais ils n'y lisoient pas des romans, ni des livres impies. Est-ce un goût prématuré pour le mal, & puisé dans la lie des Siècles ? Est-ce une liberté que les Maîtres ne peuvent plus gêner,

parce que les parens la veulent & l'autorifent,
au lieu d'autorifer les Maîtres dans la punition
qu'ils voudroient en faire ? Eft-ce qu'une éducation plus brillante a ufurpé la place d'une éducation plus chrétienne, & que la Religion ne
s'y montre plus que comme un hors d'œuvre moins intéreffant que les fciences ? Quoiqu'il en foit de la caufe du mal, il eft trop réel,
& fes progrès effrayans devroient réveiller
enfin notre apathie, du moins fi nous voulons tranfmettre aux races futures le dépôt
que nous avons reçu. Tous les écarts de la
jeuneffe prouvent la néceffité de cette vigilance ; toute la vie de l'Abbé de Laroque en
prouvera l'utilité.

Un cœur déjà fi plein de vertus, & de vertus eccléfiaftiques, fembloit devoir être mis
à portée de les manifefter avec plus d'éclat ;
des lèvres fi pures fembloient devoir être plus
fpécialement confacrées à la prière : la providence ne tarda pas à en amener l'occafion.
Il vaqua un Prieuré fimple à la nomination
de M. l'Évêque ; & M. l'Évêque, toujours plus
inftruit & plus ravi du mérite précoce de l'Abbé
de Laroque, fe fit un plaifir de le lui confé-
rer ; mais en le lui conférant, il voulut l'inftruire lui-même des obligations attachées à ce
Bénéfice

bénéfice , & des devoirs particuliers d'un Bénéficier. Il insista singulièrement sur l'habit des Clercs, la prière & l'étude ; & en effet, ces devoirs renferment tous les autres.

Cette instruction, toujours si touchante dans la bouche d'un Évêque, produisit dans le jeune Prieur les plus heureux effets : il regarda dèslors, comme son plus bel ornement, les marques distinctives de son état ; & jamais sa manière de s'habiller n'eut rien de commun avec celle du monde. Ses cheveux furent courts & modestes, la Tonsure bien marquée , la soutane régulièrement portée, & boutonnée jusqu'au fond ; jamais il n'omit la plus petite partie , pas un seul mot des prières substituées à l'Office canonial , dont son âge l'avoit fait dispenser. On lui avoit dit qu'en qualité de Bénéficier, il alloit prier au nom de l'Église & du Peuple , jamais cette instruction ne s'effaça de son cœur. On le voyoit s'enfermer dans sa chambre pour s'y préparer, son recueillement habituel ne lui paroissant pas suffisant pour remplir une si importante & si sublime fonction. Il sembloit vouloir prendre, non sur l'Autel dont il n'approchoit pas encore, mais dans le sein de Dieu, ce charbon ardent destiné à purifier nos lèvres & à embraser nos

B

cœurs. Il se reprochoit comme un crime, ces distractions involontaires, inséparables de l'humanité, & dont on a dit, avec raison, qu'elles existeront toujours tant qu'il y aura des prières sur la terre.

Mais voilà justement ce qui caractérise les Saints : ils sentent si vivement ce que Dieu mérite, qu'ils se reprochent tout ce qu'ils croient capable de les empêcher d'y atteindre, se jugeant d'après l'infinie sainteté de Dieu, & non pas d'après la foiblesse de leur nature.

La vérité nous oblige à peindre ainsi, non pas un Prêtre long-temps exercé à la prière, mais un jeune Clerc qui ne fait encore que commencer : la délicatesse de sa conscience lui prescrivit aussi la plus ponctuelle exactitude pour les heures où il devoit prier, & jamais il ne se permit de remettre ses prières à un autre temps : c'étoit pour lui un tribut aussi réglé que les Sacrifices journaliers de l'ancien Temple.

Voilà ce qu'inspiroit à notre jeune Bénéficier l'Esprit Ecclésiastique qui l'animoit ; & voilà ce qu'il inspire à tous ceux qui l'écoutent ; en sorte qu'on pourroit dire de tous ceux qui tiennent une conduite contraire, qu'on ne sait de quel esprit ils sont, ou plutôt on ne le sait que trop. Si la dissipation & la recherche des parures, ne peuvent annoncer l'Esprit de Dieu dans un Ecclésiastique, il faut bien qu'elles y annoncent l'Esprit du monde : c'est à un chacun à se juger. Quelle gloire pour un Diocèse où l'on peut dire ces vérités sans crainte de déplaire !

Quant à ses revenus, notre Prieur ne s'en occupoit point, & il n'étoit pas, à cause de son âge, en état de s'en occuper ; ses parens les faisoient servir à son entretien & à son éducation : ce que nous savons de science certaine, c'est que de la petite portion qui passoit par ses mains, il n'en fit jamais qu'un usage louable, & nous n'aurons pas beaucoup de peine à le persuader. Celui qui employoit si saintement un argent séculier, lorsqu'il étoit séculier lui - même, auroit - il su employer, d'une manière profane, un argent sacré par sa destination, lorsqu'il étoit plus saint lui-même par son état : il partageoit cette portion entre ses petits besoins, des cadeaux d'amitié, & les pauvres.

Il faut convenir qu'une pareille conduite dans un âge si tendre, & ordinairement si léger, tient en quelque sorte du prodige ;

& il faut avouer en même temps qu'elle met bien à découvert les vues de Dieu sur cette ame d'élite : osons le dire, elle étoit nécessaire pour justifier au moins devant les hommes la main qui le consacra de si bonne heure, & qui de si bonne heure le pourvut d'un Bénéfice. Car il ne faut pas se dissimuler qu'il est bien rare que des sujets qui entrent si-tôt dans l'État Ecclésiastique, réussissent, surtout si en même - temps, ils sont Bénéficiers. Cet exemple ne doit donc pas tirer à conséquence, & les parens ne s'en peuvent autoriser, quand, après avoir fait eux-mêmes la vocation de leurs enfans, ils employent aussi pour les pourvoir, les moyens les moins canoniques.

Nous ne pouvons le dire qu'avec douleur ; il faut avoir sur les yeux un bandeau bien épais & bien funeste, pour oser donner à Dieu des sujets qu'il n'appelle pas, ou pour les retenir malgré lui dans le sanctuaire, non pour le servir, mais pour en vivre. Il est incompréhensible que des parens, chrétiens d'ailleurs, viennent se briser à cet écueil, qui est, sans contredit, une des grandes plaies de l'Église, & la source des plus grands maux. En dirons-nous trop, en disant qu'il accélère

par un mouvement rapide le décri de la Religion & du Clergé !

On a vu les parens de l'Abbé de Laroque
laisser parler Dieu le premier; & de peur de
se méprendre à sa voix, on les a vu consulter
leur Évêque; méthode précieuse qui devroit
être généralement adoptée, seule capable peut-
être de tarir les larmes de l'Eglise, en écartant
les sujets intrus.

La science dans un Ecclésiastique est nécessaire comme la piété; & si la science sans
la piété rend un Ecclésiastique orgueilleux,
la piété sans la science rend un Ecclésiastique
inutile : ces importantes vérités, qu'on avoit
bien inculqué dans l'esprit de notre Bénéficier,
en lui donnant un Bénéfice, animerent en lui
de plus en plus le désir de se former aux lettres
comme à la vertu.

Ses parens n'avoient rien négligé; un sage
Instituteur lui avoit donné les premiers principes; mais le temps étoit venu où l'émulation au
moins, rend préférable l'éducation publique;
c'est ce qui détermina à l'envoyer au Collége :
celui de Condom eut la préférence; & quoique
sa famille, à cette époque, vint se fixer à Auch,
plus à portée des terres de M. de Laroque,
elle n'amena point avec elle dans cette Ville

ce précieux Enfant, qui devoit un jour y faire
tant de bien ; il fut confié à une femme sur
qui Madame de Laroque comptoit, & pouvoit
compter comme sur elle-même ; aussi notre
Écolier la regarda-t-il comme sa mère. Il fut
chez elle , ce qu'il avoit été chez ses parens ,
doux , honnête , appliqué à la prière & à ses
devoirs , au point qu'il mérita la vénération
de cette femme , qui le regardoit comme un
Saint : c'étoient ses termes.

Cette époque mérite bien d'être remarquée :
pères & mères , elle est souvent décisive pour
le bien de vos enfans , & pour votre repos ;
considérez-la avec l'œil de la sagesse & de la
précaution. Susceptibles de toutes les impressions , & goûtant pour la première fois les
dangereux charmes de la liberté , vos enfans
vont quitter la maison paternelle ; la nécessité
de les envoyer faire leurs études , va les soustraire à votre vigilance. Combien qui vont
donner leurs mœurs , & peut-être leur foi , en
échange des sciences ! Combien qui ne vont
acquérir que des vices ! Dans quelle Maison
vont-ils tomber ! Quelle société vont-ils se
faire ! Quel Surveillant allez - vous mettre à
votre place ! Je ne vous connois ici que deux
ressources ; ou ces deux Maisons qu'a élevées à

grands frais l'amour de l'Église & de la Patrie (1); ou des Maisons choisies par les Maîtres de vos enfans, & une correspondance soutenue avec ces dignes Instituteurs, qui veulent bien partager avec vous la sollicitude de péres. Si à ce premier pas vos enfans conservent l'innocence, vous avez tout à espérer; dans le cas contraire, vous avez tout à craindre. Qu'on nous passe cette digression utile. Nous revenons au digne Écolier qui nous occupe. Grâces au bon choix fait par sa famille, il ne perdit rien de sa vertu, & le Collége devint pour lui nonseulement une source de connoissances, mais une source de nouvelles pratiques de piété. Il eut bientôt gagné l'amitié de ses Condisciples & l'affection de ses Maîtres : docile & respectueux pour ceux-ci, prévenant & complaisant pour ceux-là, il fut recherché de tous, & agréable à tous, sans s'en prévaloir. Il étoit plein d'émulation sans jalousie, & appliqué sans prétention : il ne prenoit aucune part aux petites querelles des Écoliers, & jamais il n'en avoit lui-même : il fuyoit sans affectation ceux dont le caractère n'étoit pas assorti au sien, & il ne se trouvoit avec eux que lorsque les

_____

(1) Le petit Séminaire & le Pensionnat.

B iv

circonstances en amenoient la convenance &
la nécessité; mais il étoit l'ami intime de tous
les Écoliers vertueux. Sensible à l'amitié, il
en donnoit & il en recevoit des preuves avec
une égale satisfaction. Avec une conduite si
sage, sera-t-on surpris qu'il conservât son innocence, & qu'il gagnât tous les cœurs? Traits
ravissans, & plus nécessaires aujourd'hui que
jamais, que ne nous est-il donné de vous
graver sur le frontispice de tous les Colléges,
sur la porte de toutes les Classes, sur le cœur
de tous les Écoliers!

Déjà si agréable par l'éducation & la douceur
de son caractère, ses vertus vinrent lui prêter
un nouveau charme : on remarqua bientôt en
lui une conscience délicate, un grand respect
dans l'Église, un grand recueillement dans
ses prières, une piété tendre : ses confessions
étoient fréquentes, & tous ses exercices réglés
sur une obéissance ponctuelle à son Confesseur.

Un Écolier si édifiant, & qui déjà pouvoit
être donné pour modèle, devoit être choisi
pour la première Communion; il le fut en
effet avant l'âge ordinaire; & ce choix fit sur
lui une impression de joie qui devint écla-
tante. On avoit vu son ame se dilater, lorfqu'il servoit aux Prêtres qui donnoient la Com-

munion aux Fidelles ; mais ce fut bien autre
chofe, lorfqu'il fe vit au moment de com-
munier lui-même : fa foi toujours vive pour
nos Myftères, fembla s'accroître avec l'affu-
rance d'y participer bientôt, & il ne penfa
plus qu'à bien recevoir fon Dieu : il ne perdit
rien des Inftructions qui précèdent la première
Communion. A la plus fcrupuleufe affiduité
il ajouta la prière, & la plus grande attention :
il dévoroit avec toute l'avidité du défir d'apprendre, toutes ces Inftructions ; & l'on s'ap-
percevoit qu'elles jetoient tous les jours dans
fon ame des charbons de feu : ce qui le touchoit furtout, c'étoit l'amour de Dieu pour
l'homme ; & il s'attendriffoit plus fenfible-
ment, lorfqu'on développoit les circonftances
de la dernière Cène ; l'intimité de St. Jean,
fon Patron, avec Jefus-Chrift, fon repos fur
la poitrine du Sauveur faifoit couler de fes
yeux des larmes de joie. La crainte faifoit fur
lui une impreffion moins vive ; ce n'eft pas
qu'il ne fût très-touché des Communions indignes ; le nom feul de Judas l'attriftoit ; mais
foit privilége de cette charité qui bannit la
crainte, foit témoignage fecret de fon innocence, il eft certain que la crainte en lui céda
toujours la première place à l'amour.

B v

Cependant il fit tout ce qu'auroit pu faire l'ame la plus effrayée, & il n'omit aucune des préparations qui doivent nécessairement aboutir à une Communion sainte ; prière continuelle & fervente ; désir ardent de se bien connoître & de devenir meilleur ; examen sérieux de toutes les époques de sa vie, de toutes les personnes qu'il avoit fréquentées, & de tous les lieux où il avoit vécu ; douleur amère de ses fautes, à la vue de ce que Jesus-Christ avoit souffert pour les expier. Il ne faudroit assurément rien de plus à l'homme le plus coupable, pour rentrer en grâce avec Dieu, & trouver en lui une rémission abondante. Combien donc dut être agréable à Dieu la Confession d'un Enfant ainsi préparé ; d'un Enfant, disons-nous, à qui il seroit peut-être permis de dire que la Confession n'étoit pas absolument nécessaire. Confession sincère de la part d'un Enfant qui n'avoit jamais su feindre ; Confession humble de la part d'un Enfant qui l'étoit en tout ; Confession douloureuse de la part d'un Enfant qui regardoit le péché comme le bourreau de Jesus-Christ ; aussi pleura-t-il ses fautes comme un grand pécheur bien touché auroit pleuré ses crimes.

Deux pratiques qu'il a gardé toute sa vie,

& qui remontent à cette époque comme à leur source, aideront à faire mieux connoître ses excellentes dispositions à la Communion : la première étoit de fréquentes élévations à Jesus-Christ contenu dans le saint Sacrement, soit pour lui demander une ame pure, soit pour lui marquer le désir de s'unir à lui ; la seconde étoit de rapporter à cette fin, qui est Dieu même, ses pensées, ses paroles, ses actions, son étude, ses récréations, sa nourriture même, & son sommeil.

A mesure que le jour désiré approchoit, sa foi, son amour, son respect, sa confiance & ses désirs croissoient de même ; & quand ce jour fut venu, l'état de son cœur se manifesta par la sérénité de son front & la couleur de son visage ; ce jour, le plus heureux des jours pour l'ame préparée, fut pour lui un jour de grâce & de jouissance.

Peut-on trop désirer, peut-on trop se donner des soins pour que de pareilles Communions cessent d'être rares ? Est-il rien de plus doux qu'une Communion ainsi préparée ? Rien de plus doux pour celui qui la fait ? Rien de plus méritoire pour ceux qui la préparent ? Rien de plus consolant pour les Maîtres & les Ministres qui mènent de pareils Convives à la Table de Jesus-Christ ?

Tant & de si grandes grâces devoient produire beaucoup & de grands fruits. Jesus-Christ s'unissant à l'Abbé de Laroque prit, si on ose le dire, possession personnelle de son cœur : ses sentimens furent plus tendres, plus solides, plus généreux ; tout fut marqué au sceau de Dieu, qu'il avoit le bonheur de posséder, & dont il étoit possédé lui-même. Plus heureux & plus riche que l'arbre planté le long des eaux & échauffé par le soleil de la terre, toutes ses actions se ressentirent du suc divin qui couloit en lui, & de la divine chaleur qui les mûrissoit.

Le Temple qu'il avoit toujours respecté, il le respecta plus encore, parce qu'il y avoit goûté la douceur du Dieu qu'on y adore ; le Sacrifice de la Messe, auquel il avoit toujours assisté avec une dévotion si sensible, l'intéressa davantage, parce qu'il avoit mieux connu, ou plutôt mieux senti le prix de la Victime qu'on y immole ; la Table sainte devint l'objet de ses plus ardens désirs ; il calculoit avec une espèce d'impatience les jours d'intervalle qui l'en séparoient ; & ses Communions spirituelles, qu'il multiplioit au gré d'un cœur avide, aiguisoient sa faim, même en la tempérant.

Alors au moins il ne fut plus possible d'attribuer aux heureuses inclinations de la nature, ni même à l'éducation chrétienne qu'il avoit reçu, une conduite qui étoit un si visible effet de la grâce ; & l'homme le moins crédule fut obligé de reconnoître un Saint, là où il auroit cru pouvoir auparavant n'apercevoir qu'un enfant heureusement né. Ses vertus furent, pour ainsi dire, dégagées des langes de l'enfance ; & l'on vit bien que ce n'étoit plus lui qui vivoit, mais Jesus-Christ qui vivoit en lui.

Il étoit dans l'usage d'aller à Laroque, une des terres de son père, passer les Féries d'Automne ; & toujours il y avoit édifié par sa modestie, son maintien dans l'Église, son recueillement dans la prière, & par son heureuse habitude de visiter tous les soirs le saint Sacrement ; mais les vacances qui suivirent la première Communion, furent plus édifiantes encore ; il ajouta le spectacle frappant de la Communion fréquente ; spectacle trop rare dans les Campagnes, quoique plus dignes peut-être, parce qu'elles sont plus simples, & qu'on n'y connoît pas ces prétentions & cette recherche qui accompagnent quelquefois, & qui déparent tant la piété des Villes, quand d'ailleurs il seroit possible de supposer qu'elles n'en altèrent pas la substance ; le Curé , les Paroissiens, les Étrangers , & sa propre Famille, tous étoient attendris & édifiés.

Tandis que notre jeune Ecclésiastique étoit ainsi pour la Campagne, comme pour la Ville, une odeur de vie , sa Famille résolut de l'envoyer à Paris , étudier en Sorbonne : on ne vouloit rien négliger pour l'éducation d'un Enfant qui promettoit tant en tout genre. Mais les vues de Dieu étoient plus cachées & plus profondes ; il vouloit non-seulement le former aux sciences , mais aux grandes vertus , & lui ménager dans la Capitale des occasions & des moyens qu'il n'auroit peut-être pas trouvé en Province. Quant à lui , au plaisir naturel aux enfans de Province de faire leurs études à Paris , il ajouta des pieux motifs , ou plutôt ce furent les premiers qu'il se proposa. Il avoit entendu parler de l'École de Sorbonne comme de la plus célébre École du monde , & des Séminaires de Paris comme des Maisons les plus propres à former les Ecclésiastiques à la piété ; & c'étoit le grand objet de son ambition: il partit donc bien résolu de profiter de tous les moyens de la satisfaire.

En arrivant à Paris , il alla droit au Séminaire, où ses parens avoient obtenu une place ;

& l'on conçoit aisément que ce ne fut pas un petit mérite, que de sacrifier ainsi une curiosité si naturelle, & qui paroit si graciable dans un jeune homme qui voit la Capitale pour la première fois : mais il connoissoit déjà la mortification, & il se défioit trop de lui-même, pour oser être un seul jour sur son compte sur le glissant pavé de Paris ; prudence rare, trait admirable que les jeunes gens ne manqueront pas de remarquer, & qui mériteroit tant d'être imité.

A peine fut-il entré dans le Séminaire, qu'on lui en fit connoître le Règlement, avec les motifs qui doivent en déterminer l'observation : elle ne lui coûta pas, le germe de tout bien étoit déjà dans son ame, & il avoit un attrait singulier pour le bon ordre. Il avoit bien jusques là réglé sa vie ; mais après tout, il n'obéissoit guère en cela qu'à lui-même, & il fut ravi de n'être plus du tout dans ses propres mains. Ainsi le Règlement de la Communauté devint son règlement, il promit d'y être fidelle, & jamais il ne s'écarta de cette fidélité. Quand on n'observe que forcément une règle, on la viole toutes les fois qu'on le peut sans être aperçu ; on ne craint que l'œil des Maîtres, & point celui de Dieu ; de là une foule d'infractions & de défordres jufques dans les Maifons les plus refpectables ; de là une infinité de mérites perdus , & une infubordination qui traîne après elle les fuites les plus funeftes. Mais notre Séminarifte obfervoit la Loi , parce qu'il en connoiffoit le prix , parce qu'il étoit plein d'amour pour elle. Il ne mêla jamais dans l'obfervation du Règlement aucune forte d'hypocrifie. Ses Maîtres en tout genre , il les refpectoit dans fon cœur comme dans fa conduite : fon travail , il s'y appliquoit lorfqu'il étoit feul , comme lorfqu'il étoit furveillé ; auffi modefte en particulier qu'en public ; auffi vrai dans ce qu'il auroit pu cacher , que dans ce qui devoit être néceffairement connu : l'œil de Dieu & fon adorable préfence étoient plus pour lui que tous les Surveillans poffibles. Dans ce nouvel ordre de chofes , toutes fes vertus s'ennoblirent , & toutes fes actions eurent un mérite de plus , celui de l'obéiffance ; fon temps , fes études , fes récréations , fes exercices de piété , tout enfin étoit foumis à la Règle. Il faudroit trop de détail , pour rendre compte de toutes fes pratiques ; nous en rapporterons quelques traits , que nous n'oferions pas même écrire , fi nous n'avions pour garants fes propres Écrits. Il ne

s'attendoit sûrement pas qu'ils serviroient un
jour à publier ses vertus, & à trahir le secret
de son humilité ; mais la Providence a permis
qu'ils vinssent jusqu'à nous, pour l'édification
publique.

Il sanctifioit ses repas, comme l'auroit pu
faire un Anachorète consommé : en se mettant
à table, il gémissoit du besoin de s'y mettre,
& il demandoit à Dieu de nourrir son ame
plus que son corps ; il étoit quelques momens
sans manger, pour réprimer les premiers mouvemens de l'appétit, & il refusoit toujours
quelque chose à la faim, ordinairement pressante : jamais il ne se plaignoit des alimens,
quels qu'ils fussent, quoique dans un lieu où
les mains de la sensualité ne les apprêtent pas,
& où ils n'ont guère d'autre assaisonnement
que celui du besoin & de la nécessité. Nous
nous trompons, les mets du Séminaire, quoiqu'insipides par eux - mêmes, avoient pour
l'Abbé de Laroque un assaisonnement délicieux, c'étoit la lecture ; & on nous permettra
de rapporter ici un trait bien postérieur à cette
époque, mais qui y a trop de rapport, pour
ne pas l'y placer. Lorsque l'Abbé de Laroque
a quitté le Séminaire d'Auch, où, quoique
Chanoine - Archidiacre & Grand - Vicaire, il

faisoit sa demeure, il nous a dit à nous-mêmes,
« qu'il regrettoit singulièrement la lecture de
» table, dont il avoit grand besoin, ajoutoit-il,
» pour s'instruire, & pour éviter les indiscré-
» tions de la langue. »

Revenons à sa jeunesse, & à son séjour au
Séminaire de Paris ; il y sanctifioit ses récréations comme ses repas. Outre l'honnêteté,
qu'il regardoit avec raison comme une branche
aimable de la charité, qui lui faisoit aimer
tout ce que les autres aimoient, & se prêter,
sans jamais choisir lui-même, à tout ce qui
amusoit les autres, pourvu qu'il ne blessât
aucune règle ; outre cette honnêteté, disons-
nous, qui déjà étoit elle-même une grande
vertu, il demandoit d'abord à Dieu de s'y
conduire de manière à ne pas lui déplaire ;
& puis s'adressant à St. Jean son Patron, il lui
disoit : « Je vous confie mes récréations, afin
» qu'après ma mort vous me les présentiez
» innocentes comme les vôtres. » Le signal
qui en annonçoit la fin, étoit pour lui la voix de
Dieu qui l'appeloit ailleurs, & il s'y rendoit
sans délai. Nos actions en effet ne sont bonnes,
qu'autant qu'elles sont conformes à la volonté
de Dieu ; & leur bonté cesse toujours en même-
temps que cette conformité.

Parmi toutes les pratiques de piété établies dans le Séminaire, celle qu'il goûtoit davantage étoit la méditation; elle le rapprochoit plus de Dieu, & elle favorisoit cet attrait puissant qu'il avoit pour y demeurer toujours uni: le premier pas qu'il y fit, & le premier fruit qu'il en retira, fut de bien entendre la Messe sans le secours des Livres; il s'y occupoit d'un Dieu devenu Victime, & du désir de ne faire avec lui qu'une Hostie; il s'y livroit à la componction, à l'admiration, à la reconnoissance, à l'amour.

Il redoutoit les amitiés particulières, soit parce qu'elles étoient proscrites par le Règlement, soit parce qu'elles entraînent de grands inconvéniens dans les Communautés; mais ce rapport secret, cette sympathie qui agit si puissamment sur les cœurs qui se ressemblent, l'eût bientôt lié avec les Séminaristes les plus pieux & les plus édifians. Les Sacristains ne tarderent pas à le demander pour associé, & ils n'eurent pas de peine à l'obtenir: les Supérieurs connoissoient déjà sa piété & son zèle pour la Maison de Dieu. L'Abbé de Laroque fut ravi de cette association, parce qu'elle le mettoit plus à portée d'être plus souvent prosterné au pied des Autels, d'y répandre plus

souvent son ame devant Dieu , & de contribuer de ses mains à la décence du Culte , à la
propreté & à l'ornement du Temple.

La prudence nous fait une loi de supprimer
ici deux traits qui feroient honneur au tableau
que nous présentons ; nous nous contenterons
de dire qu'une double persécution vint assaillir
notre Abbé : ses jours furent menacés , ses
mœurs le furent de même : il sortit vainqueur
du premier combat par une patience invincible , & du second , par une chasteté digne
de Suzane : mais ce qu'il ne nous est pas permis
de taire , ce sont les bénédictions abondantes
dont Dieu récompensa son courage , & son
amour pour la pureté.

Il résulta de sa patience une facilité rare à
vaincre les mouvemens prompts qui s'élèvent
dans l'ame la plus vertueuse ; & cette facilité,
il l'a conservée toute sa vie : avec l'ame la
plus sensible, il a toujours été le maître des
saillies même de la sensibilité ; il a toujours
supporté avec le plus grand calme les injures ,
les railleries , les mépris ; & il est inouï qu'il
ait jamais rien repoussé avec des paroles d'impatience. Un jour qu'on le traitoit de la manière la plus indigne , il écouta la personne
jusqu'au bout , & il se contenta de lui dire

qu'elle n'étoit pas honnête. Un autre jour qu'il étoit près d'une de ses Pénitentes tombée en syncope, & qu'on soupçonnoit d'avoir des vapeurs, un mauvais plaisant lui dit : « Monsieur » l'Abbé, vous devriez, pour faire revenir » Mademoiselle, lui donner un camouflet »; & il répondit aussi modestement qu'ingénieusement : « J'en reçois souvent, mais je n'en » donne jamais. » Il rougissoit, il est vrai, quelquefois, lorsqu'on lui disoit des choses dures, mais c'étoit par un mouvement, pas plus libre en lui que la circulation ; il conservoit d'ailleurs toute sa douceur, toute la sérénité de son ame, & il donnoit sur le champ des preuves d'amitié. Qu'on juge par-là avec quel succès il avoit vaincu la nature, sur un point où la victoire est si difficile aux ames sensibles : en voici une nouvelle preuve, plus forte peut-être que toutes les autres. Vers les derniers temps de sa vie, une personne qui avoit des droits sur lui, voulut savoir ce qu'il avoit eu à souffrir : il le lui dit, mais en raccourci ; & il ajouta, en parlant de toutes ses souffrances, & surtout de celle dont nous venons de supprimer le détail : « Je souffrois, il est vrai ; » les menaces & les coups m'avoient prodi- » gieusement amaigri, & souvent je risquois

» ma vie ; mais jamais je n'ai eu un temps
» plus heureux ; jamais Dieu n'inonda mon
» ame de tant de grâces ; jamais tant de dou-
» ceur dans mes Communions ; jamais tant
» d'union avec Dieu. Hélas ! aujourd'hui que
» je ne souffre plus , que je ne risque plus
» pour ma vie , ma vertu a disparu avec mes
» épreuves ! »

Est-il dans la nature de regretter des temps
si durs , & des circonstances dont le narré
seul, quoique bien adouci , fait frémir ? Et
ne faut-il pas , pour cela, que la vertu de patience soit montée à son comble ? Telle fut
la récompense d'une épreuve rude , bien soutenue ; & si parfaitement soutenue, que l'Abbé
de Laroque ne s'en plaignit jamais, quoiqu'absolument il eût pu la faire cesser.

Il ne fut pas moins récompensé de son amour
pour la chasteté. Sans être précisément beau ,
il étoit d'une figure agréable ; présent dangereux de la nature , & toujours funeste, s'il
étoit seul : car il faut convenir que les grâces
tant désirées par un sexe , & peut-être par
tous les deux , sont un écueil terrible , quand
elles n'ont pas pour compagne la vertu. Heureusement notre Abbé étoit plus vertueux
encore qu'agréable ; & lui, qui avoit été sans

parole lorsqu'il n'avoit eu à craindre que pour
sa vie, repoussa avec la plus grande vigueur
la violence ajoutée aux piéges tendus à sa
vertu. Elle reçut un tel accroissement à cette
époque, qu'il ne lui en a presque rien coûté
pour chasser le démon impur. Cet ennemi redoutable fait des ravages jusques dans les États
les plus saints ; mais il n'a pu donner aucune
atteinte à une ame chaste, spécialement pro-
tégée. Les tentations que l'esprit immonde sus-
cite aux ames saintes, ces images & ces fantô-
mes qui causent souvent tant de trouble aux
ames les plus pures, notre Abbé les dissipoît par
un signe de Croix fait sur son cœur, par une
élévation à Dieu, par une simple protestation
de fidélité ; en un mot, par le petit *non* de St.
François de Sales. Nous savons même de la
manière la plus certaine, que sa présence seule
calmoit dans les ames qui l'approchoient, les
troubles & les orages de cet horrible péché ;
elles l'ont attesté elles-mêmes.

Dans le nombre des Amis qu'avoit l'Abbé
de Laroque, & qui étoient bien dignes de
l'être, il s'en trouva un surtout dont le caractère étoit parfaitement analogue au sien ;
mêmes goûts, mêmes penchans, même piété,
mêmes vues : il s'unit à lui de la manière la

plus intime : c'étoit des cœurs que Dieu avoit faits l'un pour l'autre. Leurs exercices de piété devinrent communs ; ils se promirent de travailler réciproquement à leur perfection, & de s'avertir l'un l'autre de leurs manquemens respectifs ; ils se proposèrent la pratique de certaines vertus ; ils convinrent des signes par lesquels, sans être aperçus des autres, ils réveilleroient en eux l'idée de la vertu proposée, & le sentiment de la présence de Dieu. Une telle amitié, dont la base & les fruits sont si respectables, n'est point celle qui est suspecte dans les Séminaires & dans les Maisons religieuses ; & loin de l'en bannir, on lui ouvriroit avec plaisir toutes les portes : elle est une image de l'union des Saints dans la Gloire, qui ne peuvent & ne savent s'aimer qu'en Dieu, qui est sans doute le plus doux, comme le plus fort lien de l'amitié. La distance des lieux & les années avoient respecté celle de nos deux Amis, & la mort même ne l'a point altérée : le Survivant aime toujours celui qui est mort ; & nous aurons occasion de voir les engagemens qu'avoit pris le Mort, s'il mouroit avant l'autre, & si Dieu le recevoit dans son sein.

Il étoit naturel que l'Abbé de Laroque n'eût rien de caché pour cet Ami qui étoit comme

un

un autre lui-même, & qu'il lui fît part de
ses épreuves : cependant il ne le fit pas ; &
lorsque nous l'avons consulté sur les détails
que nous avons supprimé, quoique nous en
fussions bien assurés d'ailleurs, il nous a répondu ingénument, qu'il les ignoroit. Ne nous
en étonnons pas : cet Ami auroit peut-être
connu, ou pu connoître les auteurs de cette
persécution ; & c'est ce que voulut éviter
notre vertueux Abbé. Voilà les bornes pré-
cieuses que la charité donne à l'amitié même ;
puissent-elles être généralement respectées !

Les épreuves de l'Abbé de Laroque étoient
passées, & il goûtoit les doux fruits du bon
usage qu'il en avoit fait : mais un Saint ne
doit pas être sans Croix, surtout un Saint destiné à en sanctifier tant d'autres. Il n'est guère
possible, ainsi que l'observe M. de Fenelon,
qu'un Directeur sans Croix puisse former des
Filles de grâce : d'ailleurs la vertu de notre
Abbé étoit trop ressemblante à l'or, pour ne
pas mériter le creuset des souffrances.

Il étoit dans l'usage de se tenir souvent &
long-temps à genoux : il n'entroit guère dans
sa chambre, il ne commençoit guère d'actions quand il étoit seul ; surtout il ne trouvoit pas dans ses études, des difficultés épi-

neuses, sans recourir dans cette attitude au Père des lumières. Il lui en survint une grosse tumeur, qui s'étendoit considérablement au-dessus & au-dessous du genou, & qui tous les jours faisoit des progrès, sans que cet enfant, déjà dur à lui-même, songeât seulement à y porter remède, pas même à discontinuer ce qui étoit la cause du mal.

Ce mal négligé, & tous les jours aigri par la même cause, empira au point qu'il occasionna des syncopes, & d'autres symptômes également sensibles & menaçans; le Malade enfin ne put plus aller, & il fallut recourir aux gens de l'art. Les remèdes doux furent donc inutiles, ils venoient trop tard, & ils ne pouvoient plus suffire à cette époque; il fallut en venir à l'opération, & même la réitérer jusqu'à trois fois : le jeune Malade y montra la sagesse de l'âge mûr, & la vertu consommée des Saints. Tranquille sur les suites que pouvoit avoir son mal, il ne s'en fit pas moins un devoir d'obéir aux Médecins comme à Dieu même; leurs ordonnances étoient à ses yeux des ordres suprêmes; il accepta le régime & les remèdes, plus gênans peut-être & plus durs que le mal même, non-seulement sans murmure, mais avec paix & actions de grâce. Tous ceux qui le soignoient recevoient aussi de lui de remercîmens ; mais ce qui fut plus frappant encore, ce fut son courage & sa sérénité dans les opérations. Les spectateurs frémissoient pour lui, & le cœur leur manquoit pour en soutenir la vue. Le Malade seul conservoit sa tranquillité ; il voyoit, & il sentoit ouvrir ses chairs sans s'émouvoir, & sans laisser échapper, je ne dis pas des signes d'impatience, mais de douleur. Il encourageoit les autres, loin d'avoir besoin d'être lui-même encouragé ; & le visage riant qu'il conservoit, achevoit de ravir & d'édifier ceux qui, dans ces cruels momens, étoient autour de lui : « Que sont, disoit-il, tous les » maux du monde, & qu'ont-ils de si pénible, » qu'on ne puisse porter avec Jesus & le se- » cours de sa grâce ? Un Dieu qui a tant voulu » souffrir pour l'amour des hommes, mérite » bien de trouver des hommes qui veuillent » un peu souffrir pour l'amour de lui ». Tous ces traits, tout héroïques qu'ils sont, sur-tout dans un jeune homme de seize ans, n'ont plus de quoi nous surprendre, depuis que nous en trouvons les principes, consignés alors de sa propre main dans ses plans de vie.

Cependant Dieu qui avoit ses desseins sur le pieux malade, bénit les remèdes, & le guérit à peu près, c'est-à-dire, que pour lui laisser une source habituelle de patience & de mérite, il voulut qu'il lui restât de cette plaie un léger écoulement, & une petite tumeur qu'il a porté jusqu'à la fin de sa vie, & qu'il amincissoit lui-même avec un rasoir, lorsqu'elle grossissoit de manière à le trop gêner dans ses prières & dans l'exercice de ses bonnes œuvres : ceux qui l'ont vu boîter, ou marcher avec peine, ne l'attribuoient qu'à lassitude ; la véritable cause étoit dans cette souffrance qu'il enduroit jusqu'à l'extrémité.

Aussitôt qu'il fut en état de reprendre ses exercices de piété, il le fit avec une ferveur nouvelle, malgré l'incommodité qui lui étoit restée ; & il ne laissa pas que de se tenir long-temps à genoux sans aucun appui. On dira peut-être que cette ferveur précoce étoit un excès ; mais les Saints n'en connoissent guère que dans les soulagemens qu'on les force de prendre ; & il est à craindre que des décisions si favorables à la nature ne viennent d'elle. Pour nous, nous ne saurions décider si l'Abbé de Laroque, dans cette circonstance & d'autres pareilles, ne fut pas plus admirable par cette conduite, que par

celle qu'il avoit tenue dans ses maladies même ;
car il en faut convenir, la convalescence est
un grand écueil à la piété, parce que tout y
porte au relâchement, le régime prescrit, les
soins que demande une nature exigeante, la
crainte de retomber, que sai-je ? On a tout
à redouter de soi-même & des entours. Quoiqu'il en soit, sans vouloir rien outrer, c'est à
nous de rapporter les faits, & de peindre cette
Ame d'après elle-même ; & il est certain que
l'Abbé de Laroque, qui avoit déjà, à la place
du mauvais amour qui perd, la haine évan-
gélique qui sauve, ne se brisa pas à cet écueil.
Il avoit envisagé la mort comme un gain, il
envisagea la conservation de la vie comme un
engagement plus fort à la consacrer au Seigneur
toute entière. Après avoir rendu grâces à Dieu,
il se mit en devoir de réparer le temps que sa
maladie lui avoit ravi, & de se remettre au
courant pour ses études.

Si nous n'en avons pas parlé encore, depuis
son arrivée à Paris, ç'a été pour ne pas rompre
le fil de ce que nous venons de dire. Mais il
est temps de rendre ce témoignage à sa piété,
qu'elle ne prenoit rien sur le temps destiné
aux sciences, & que son désir d'apprendre étoit
un des fruits de sa dévotion, & marchoit,

fi on ofe le dire , fur la même ligne.

Quoique la Philofophie , qu'il étudioit alors, n'ait pas , au moins dans toutes fes parties , une bien grande analogie avec la fcience des Prêtres , il s'y appliqua avec la plus grande ardeur, comme à la chofe que Dieu vouloit alors de lui , & à l'application il joignit les plus faintes difpofitions ; auffi prit-il, après le temps d'ufage , le grade de Maître-ès-Arts, & il le prit d'une manière honorable.

La Mufique étoit entrée pour quelque chofe dans le plan de fon éducation : il s'y appliqua ; & nous verrons que le goût qu'il y prit , lui caufa quelque peine dans la fuite : alors même il fe défia de ce goût , parce qu'il craignoit qu'il ne l'entraînât trop loin , & qu'il vouloit confacrer fon temps à des études plus utiles ; ainfi le goût qui eft pour les autres Élèves un aiguillon qui hâte les progrès, ne fit que nuire aux progrès de celui-ci , & lui faire pratiquer une mortification de plus, celle de mettre un frein à ce défir.

Mais arrêtons-nous moins fur les autres par- ties de fon éducation qui n'entrent pas affez dans notre plan , & rendons compte de fes Études théologiques.

Je vois s'ouvrir ici une carrière plus digne

de notre pieux Étudiant, & de la sainteté de
ses dispositions, & de ses vues. Il est important
de voir comment il y entra : rien n'est plus
instructif & plus édifiant que sa méthode. Nous
allons la rapporter d'après le Règlement auquel
il s'assujettit à cette époque.

Il commença par se bien convaincre que
jamais il ne deviendroit Théologien, s'il ne
s'adonnoit tout entier à cette science ; & que
tous ses efforts seroient inutiles, si Dieu ne les
bénissoit, parce qu'il n'y a que lui qui puisse
bien enseigner une science dont il est l'objet.
C'est dans cette vue, & dans cette intime per-
suasion, qu'il prit les résolutions suivantes :

« J'invoquerai le Seigneur, avant qu'on ne
» donne le signal pour la Classe, & je partirai
» aussitôt qu'il sera donné : j'écouterai très-
» attentivement, & jamais je ne me permet-
» trai de distraire l'attention des autres : je me
» ferai des précis & des résultats de ce que
» j'aurai entendu ; & j'y aurai principalement
» en vue la solidité des preuves : je n'y ferai
» point entrer ce qui n'auroit pour objet qu'un
» vain étalage de science qui pourroit m'at-
» tirer des applaudissemens, ou entretenir ma
» vanité ; j'aurai toujours devant les yeux
» l'objet que je dois me proposer, celui de

» devenir un bon Prêtre, & un Prêtre inftruit.
» Après être rentré dans le Séminaire, & dans
» ma chambre, je dirai le *Veni Sancte*; & en
» m'affeyant pour commencer mon étude,
» je ferai le figne de la Croix, & je dirai à
» Dieu : Seigneur, ne craignez pas de m'é-
» clairer, je vous promets de n'avoir pas de
» l'amour propre des lumières que vous me
» donnerez, & de ne m'en fervir que pour
» vous. Vous voyez bien que je n'étudie que
» pour m'inftruire de votre Religion fainte,
» pour l'apprendre aux autres, & pour com-
» battre ceux qui l'attaquent. Si vous ne me
» faites entendre, ô mon Dieu! je n'entendrai
» rien... Puis je m'adrefferai à mon faint
» Patron, St. Jean l'Évangélifte, & je lui
» dirai : Faites-moi comprendre ce que j'étu-
» dierai; je m'adrefferai à vous, quand je
» n'entendrai pas, comme fi vous étiez mon
» Précepteur.. Puis j'étudierai; & fi je trouve
» quelque chofe dont j'aurai peine à venir à
» bout, je ferai le figne de la Croix, pour de-
» mander à Dieu de m'éclairer, & j'invoquerai
» mon faint Patron ; j'obferverai la même
» chofe dans les Conférences, lorfque j'y trou-
» verai des difficultés, à cela près, que je fouf-
» trairai le figne de la Croix : j'obferverai fur-

» tout de ne pas m'y laiſſer gagner par l'amour
» propre, mais de rapporter tout à Dieu : lorſ-
» que je parlerai, je me garderai bien de le
» faire avec une eſpèce de mépris, mais tou-
» jours gaiement, & de mon mieux. A la fin
» de la Conférence je dirai le *Sub tuum præ-*
» *ſidium ;* je remercierai de bon cœur le bon
» Dieu, des lumières qu'il m'aura données. »

Ce n'eſt pas aſſez encore pour ce pieux Etudiant ; voici ce qu'il ajoute dans un autre
endroit :

« Pour conſacrer entièrement mon étude
» au Seigneur, & lui donner tout le mérite
» qu'il m'eſt poſſible, je dirai à Dieu : Je vous
» offre, dans cette étude, autant d'actes d'a-
» mour, que je lirai de ſyllabes. »

Quel Etudiant ! Quelle foi ! Quelle confiance !
Quel amour de Dieu, de la Religion, & du
Prochain ! Quelle ſimplicité ! Quelle humilité !
Quel ſoin d'écarter toute ſingularité, au milieu
des plus ſaintes pratiques ! Nous ne penſons pas
que l'Eſprit de Dieu puiſſe être mieux marqué.

On vous livre ces textes à vous tous qui
étudiez les ſaintes Lettres ; ayez ces principes,
employez ces moyens, & nous oſons vous
répondre du ſuccès de vos études. Mais combien qui peut-être, malgré la médiocrité du

C v

talent, rougiroient d'employer ces moyens, feuls convenables, & feuls dignes d'être efficaces !

Nous oferons cependant en propofer un autre du même genre, & tiré des mêmes plans de vie ; s'il déplaît à quelques hommes dédaigneux qui, n'eftimant que les efforts & les reffources du génie, traitent tout le refte de fuperftition & de fimplicité méprifable, il plaira certainement à ceux qui favent eftimer la piété & les reffources qu'elle infpire. Peut-être fera-t-il pour quelques-uns une fource d'utiles regrets, & pour quelques autres l'aiguillon dont ils ont befoin pour en employer de pareils.

C'eft affez l'ufage des pieux Théologiens de s'agréger à une Congrégation dédiée à l'immaculée Conception de Marie ; & l'on fent bien que l'Abbé de Laroque s'empreffa de s'y conformer. Voici les engagemens qu'il prit, à cette occafion, avec l'augufte & très-fainte Mère de Jefus-Chrift ; engagemens qu'il auroit, difoit-il, figné volontiers de fon fang.

« Je vous promets, Vierge fainte, une in-
» violable fidélité. Jamais je ne dirai, ni ne
» ferai rien ; & autant que je pourrai l'empê-
» cher, je ne laifferai ni dire, ni faire quelque

» chofe qui foit contraire à l'honneur qui vous
» eft dû. Je vous conjure de me faire la grâce
» de me recevoir au nombre de vos ferviteurs;
» foyez la mère & la tutrice de mon inno-
» cence : oui, Vierge fainte ! je vous confie &
» je vous donne en dépôt ma chafteté ; vous
» me la conferverez belle comme vous. Je
» vous confie mon humilité, & je vous prie
» de m'avertir fans ceffe que le peu de progrès
» que je pourrai faire eft l'effet de la grâce de
» Jefus-Chrift. Je vous confie mon intelli-
» gence, & je vous prie de m'obtenir la grâce
» de rapporter à la plus pure gloire de Dieu
» tout ce que je pourrai comprendre. »

Nous le dirons encore, puifqu'il ne peut
être trop dit, que fi ces difpofitions devenoient
communes, nous aurions la confolation de
voir marcher d'un pas égal dans la carrière des
fciences & dans celle de la piété. Mais avec des
difpofitions contraires, ou l'on reftera dans fon
ignorance, ou l'on n'en fortira à force de talent,
que pour fe précipiter dans la vanité. Il eft
une manière d'étudier, il eft certain genre
d'études qui peut orner l'efprit, mais qui def-
sèche le cœur. On dédaigne tout ce qui ne
porte pas l'empreinte de l'érudition & de l'élé-
gance ; on fe bouffit d'orgueil au point de

trouver infipides les plus faintes lectures, &
de méprifer les ames fimples, qu'il faudroit
fupporter & inftruire : le Prêtre devient prefque femblable au Philofophe ; il devient homme de cabinet, ou de cercle ; il éblouit peut-
être, & il n'éclaire pas : il eft plus l'homme
du monde, que celui de la Religion ; il fe fait
une réputation qui n'eft pas de fon état ; il
oublie cette importante maxime, que bien
faire eft infiniment au-deffus de bien dire ;
auffi trop fouvent, les Prêtres les plus utiles
ne font pas ces Savans qui ne favent pas defcendre, mais ces Prêtres inftruits qui veulent
s'abaiffer, & mener ainfi plus d'ames à Dieu,
en fe mettant à leur portée.

Vers le milieu de fa première année de Théologie, notre pieux Étudiant parut digne des
quatre petits Ordres, & on le mit au nombre
des Afpirans. Il vit ce choix inattendu avec
l'œil de la foi, & il voulut connoître en détail
les devoirs qu'il alloit s'impofer. Rien pour lui
n'étoit petit dans la Maifon de Dieu, & le dernier rang y étoit plus grand à fes yeux, que
les Places les plus diftinguées dans le monde.
Entrer pour quelque chofe dans la Hiérarchie
de la terre, c'étoit pour lui entrer pour quelque
chofe dans la Hiérarchie du Ciel, parce qu'en

effet, dans l'une & dans l'autre on a le même
objet de rendre gloire à Dieu. Laiſſons-le parler
lui-même ; ſes paroles, mieux que les nôtres,
feront connoître la ſainteté de ſes diſpoſitions
& de ſes vues.

« Je vais, mon Dieu, parce que vous vou-
» lez que j'aille prendre la charge de Portier,
» de Lecteur, d'Exorciſte, d'Acolyte. Je m'en-
» gage donc, mon Dieu, à avoir ſoin de votre
» Temple matériel, à le tenir propre & bien
» balayé, fallût-il, pour y donner le temps
» néceſſaire, me lever durant la nuit : je m'en-
» gage, autant qu'il ſera en moi, à avoir ſoin
» auſſi de votre Temple ſpirituel, qui eſt le
» cœur des hommes, à vous y faire entrer, &
» à en fermer la porte au Diable : je m'engage
» à méditer votre Écriture ſainte, à en appren-
» dre tous les jours quelques verſets, & à l'enſei-
» gner quand j'en ſerai capable : je m'engage
» à préſenter avec des mains pures & chaſtes,
» le pain qui doit ſervir au Sacrifice : je m'en-
» gage à luire par mon exemple, comme le
» cierge que je porterai dans mes mains : je
» m'y engage volontairement & librement ;
» malédiction à moi ſi je romps aucun de ces
» engagemens. »

Il n'avoit rien à redouter de cette malédiction qui ne tombe que fur l'ame infidelle ou négligente dans l'œuvre de Dieu. Il vient de tracer lui-même le plus pur précis de fes obligations, & toute fa conduite prouvera qu'il les remplit éminemment, loin de fe borner à les connoître.

Il exerçoit déjà, comme Sacriftain, l'ordre de Portier, & il ne lui étoit guère poffible de mieux faire; mais ce qu'il faifoit auparavant comme député de fes Supérieurs, il le fit déformais comme député de l'Eglife. Tout ce qu'il pouvoit ajouter, regardoit les Temples fpirituels, & il fe fit dès lors une loi d'affaifonner les converfations les plus communes, du fel de la piété, de détourner du mal, & de porter au bien tous ceux à qui il auroit la liberté de parler.

Il femble au premier coup d'œil, & à prendre à la rigueur le terme d'Exorcifte, que la fonction en eft rare de nos jours, parce qu'en effet il n'y a guère aujourd'hui des Poffédés, furtout dans ces Lieux éclairés depuis long-temps de la lumière de l'Évangile; mais dans un fens très-vrai, quoique moins rigoureux, au fein même du Chriftianifme, un Exorcifte peut trouver dans fon propre cœur, & dans le cœur d'autrui, une abondante matière à l'exercice de fon ordre, puifque cet exercice fe réduit à en chasser le Démon. C'est dans ce sens très-réel que l'Abbé de Laroque l'exerça, & il avoit reçu grâce pour le faire. On a souvent éprouvé que sa présence seule étoit un remède contre les tentations ; mais sa grâce à cet égard paroîtra avec plus d'éclat, quand nous parlerons de sa direction. Quant à lui-même, il avoit déjà un tel empire sur le Démon, qu'à la fin de ses principales actions, il osoit l'appeler comme son accusateur, & le défier. La sainte confiance qu'il avoit en Dieu, plus encore que le témoignage de sa conscience, lui inspiroit cette conduite rare, & que dans une ame moins humble que la sienne, on seroit tenté d'accuser de présomption.

L'ordre d'Acolyte en fit une lampe ardente & luisante. Son encensoir étoit vraiment l'image de son cœur, où l'ardeur de la charité étoit comme un feu, & d'où les prières s'élevoient comme un encens. L'exercice de cet ordre étoit pour lui de pures délices, & son maintien retraçoit au dehors ce qui se passoit au dedans de lui.

L'ordre de Lecteur avoit tellement enflammé son zèle, qu'il répétoit sans cesse ces paroles : « Mille vies, mille vies pour le salut d'une seule ame. » Tous les jours il apprenoit par cœur

quelque chofe de l'Écriture fainte, il s'offroit
a la porter au bout de Monde, fi on vouloit un
jour l'y envoyer ; & c'eſt alors qu'il conçut le
deſſein de paſſer aux Miſſions étrangères.

Toutes fes vues étoient encore éloignées,
mais il fe préfenta bientôt une occaſion de
porter la lumière de l'Évangile dans quelques
Paroiſſes de Paris, où les Supérieurs de fon
Séminaire étoient dans l'uſage d'envoyer des
Eccléſiaſtiques pour catéchifer les enfans.

Chargé de cette fonction, une des plus importantes du Miniſtère, parce qu'elle eſt plus
ſimple, & plus à la portée de tous ; & combien n'y a-t-il pas de Chrétiens qui ne favent
jamais de la Religion, que ce qu'ils en ont
appris dans les Catéchifmes ! Nous permettra-
t-on de dire que pour cette conſidération, il
faudroit de nos jours s'y appliquer davantage,
& leur donner plus d'étendue & plus de force ?
Frappé de ces conſidérations, l'Abbé de Laroque s'y appliqua tout entier, & il s'acquitta
de cette fonction avec le zèle qu'on en avoit
attendu, & qu'on avoit droit d'en attendre.
Sa grande douceur attiroit tous les enfans, &
les charmoit ; il leur parloit avec tant de bonté
& d'affection, qu'ils fe faifoient un plaifir de
l'entendre ; il en goûtoit lui-même un très-vif

à être avec eux ; & cette fonction qui paroît ſi
rebutante à tant d'autres , faiſoit ſes délices. Il
reſpectoit leur innocence , & la parſemoit d'un
ſel propre à la conſerver. Le temps ne lui paroiſſoit pas long , parce qu'il ne croyoit pas
avoir quelque choſe de mieux à faire. Loin de
leur montrer aucun dégoût , la bonté dictoit
toutes ſes paroles ; & ces pauvres petits étoient
tout triſtes quand ils l'entendoient hauſſer un
peu le ton , parce qu'ils comprenoient qu'ils
devoient avoir fait quelque grande faute : il
les en reprenoit alors , mais ſans aigreur &
ſans injures ; & le moment d'après il revenoit
à ſa douceur. Il excitoit auſſi leur émulation
par de petits cadeaux propres à nourrir la piété,
& proportionnés à ſes facultés. Les parens ,
inſtruits par leurs enfans , & témoins très-
ſouvent de la conduite du Catéchiſte , lui donnoient mille bénédictions : ils n'auroient ſouffert pour rien au monde , qu'un enfant eût
manqué au reſpect qui lui étoit dû. Hélas !
en retraçant les ſentimens du Catéchiſte &
des parens , nous diſons ce qui devroit toujours
être ; & nous diſons ce qui n'eſt preſque plus !

Les fruits étoient trop abondans , pour ne
pas réveiller l'envie du démon : il s'efforça de
s'y oppoſer. Le Catéchiſte toujours occupé des

sujets d'inftruction les plus analogues aux befoins, crut que, dans un temps de fermenta-
tion, il feroit bien de parler, du moins une
fois, de l'autorité de l'Églife, & de la foumiffion qui lui eft due. Il fut entendu par une
oreille ennemie qui s'en plaignit. Le Supérieur
du Séminaire manda le Catéchifte, qui mêla
dans fes réponfes la force à la modeftie, moins
pour défendre fa caufe perfonnelle, que celle
de l'Églife & de Dieu même, qu'on avoit
voulu compromettre. Il en réfulta une pleine
conviction de l'innocence de l'accufé, & de
l'injuftice de l'accufateur ; en forte que rien
n'empêchoit le Supérieur d'envoyer l'Abbé de
Laroque dans la même Paroiffe ; cependant il
jugea plus convenable de l'envoyer ailleurs.

L'Abbé de Laroque n'en murmura pas. Il
étoit déjà du nombre de ces Miniftres rares à
qui il fuffit de faire le bien ; de ces Miniftres
à qui un Supérieur dit : faites ceci, & ils le
font ; faites cela, & ils le font encore ; toujours contens, pourvu que le Maître foit fervi :
preuve la plus évidente peut-être, & la plus
fûre de l'efprit de Dieu. Auffi fes travaux furent-ils bénis dans cette Paroiffe comme dans
l'autre, & contribuèrent-ils grandement à la
gloire de Dieu.

C'est ainsi que l'Abbé de Laroque exerçoit les fonctions des Ordres qu'il avoit reçu ; & c'est dans cet exercice, & l'application continuelle à l'étude, que s'écoula l'intervalle qu'il mit entre les quatre petits Ordres & le Sous-Diaconat : il devoit prendre cet Ordre sacré la même année que le degré de Bachelier. Il se prépara de son mieux à l'un & à l'autre par l'étude, & par la piété. Il fut fait Bachelier au mois de Février 1762, & Sous-Diacre le cinquième jour du mois de Juin suivant : il prit le degré avec honneur, & l'Ordre avec édification.

Cet Ordre, que tant d'autres redoutent à cause des grandes obligations qu'il impose, il n'y vit lui qu'une heureuse nécessité de se consacrer sans retour à Dieu & au service des Autels. Depuis long-temps le vœu de chasteté étoit l'objet de ses pieux désirs, & nous l'avons déjà vu confier, à l'auguste Marie, le précieux dépôt de cette angélique Vertu. Nous disons trop peu, le vœu de chasteté étoit déjà fait, c'est le témoignage d'un ami intime, pour qui il n'avoit rien de caché. Eh ! certes, accoutumé qu'il étoit à maîtriser ses sens, ce vœu ne devoit lui présenter rien de pénible, & ce devoit être au contraire pour lui une

bien douce satisfaction, que le sacrifice entier de lui-même. Loin de lui ces indécisions
& les lenteurs trop indignes d'une ame conti-
nente, & d'un Clerc qui se destine aux fonctions pures de l'Autel, tout le portoit à achever ce qu'il avoit si heureusement commencé;
mais s'il fut exempt des frayeurs de la chair,
il ne fut pas sans crainte du côté des dispositions du cœur. Si le premier des Ordres
sacrés lui présentoit des grands devoirs & de
grandes grâces, il sentoit qu'il exigeoit aussi
de grandes préparations : trop d'Aspirans peut-
être au Sous - Diaconat ne cherchent & ne
puisent ces préparations que dans des Traités
de scolastique qui ne donnent pas la vertu;
& peut - être sont - ils bien contens d'eux-
mêmes, lorsque par cette étude sèche, ils se
sont mis en état de subir l'examen qui pré-
cède cet ordre. L'Abbé de Laroque, qui ne
craignoit pas cet examen, auquel il s'étoit
toujours préparé par une étude constante,
puisa dans une meilleure source les préparations prochaines à l'Ordination. Le Pontifical
devint le sujet de ses plus sérieuses réflexions,
& il voulut connoître à fond toutes les obligations d'un Sous - Diacre ; méthode excellente de vouloir connoître ses devoirs d'a-

vance, pour y mesurer ses forces & se mieux disposer à les remplir ; mais méthode dont l'omission devroit être effrayante pour des Aspirans, (si toutefois il en étoit de ce genre), qui non-seulement ne rempliroient pas les engagemens qu'ils ont pris avec Dieu & avec l'Église, mais qui long-temps après les avoir contractés, seroient loin encore de les connoître. Nous trouvons dans un règlement de vie de l'Abbé de Laroque, l'heureuse impression que fit sur lui cette méthode, les idées sublimes qu'elle lui donna, & les saintes résolutions qu'elle lui fit prendre : nous allons les abréger, & n'en présenter que la substance.

La chasteté du commun de fidelles, quelque excellente, quelque admirable qu'elle puisse être, ne lui parut qu'une ombre auprès de celle que doit avoir un Ministre de Jesus-Christ ; & tout pur qu'il étoit, il se crut presque impur en considérant ce qu'il devoit être.

Malgré la ferveur avec laquelle il avoit exercé les fonctions des quatre petits Ordres, il craignit d'être du nombre de ces Ministres, à qui l'Église semble reprocher leur lenteur & leur paresse, en les exhortant à une plus grande ferveur & une activité nouvelle.

Il ne vit plus dans les fidelles, que les précieux ornemens de l'Autel myſtérieux, qui
n'eſt autre que Jeſus-Chriſt. Il ſentit que cet
adorable Fils de Dieu étant repréſenté dans le
Ciel comme revêtu de beauté, & ceint d'une
ceinture d'or, qui figure la Cour des Saints,
il devoit auſſi dans l'Egliſe, au moins avec
quelque proportion, être revêtu de beauté,
& ceint d'une ceinture d'or qui figure les
ames pures.

Les linges plus prochainement deſtinés au
Sacrifice, devinrent à ſes yeux éclairés les
Membres de Jeſus-Chriſt leur Chef, avec qui
tous ces Membres ne font qu'un même Corps
myſtique; & de là l'obligation de purifier ces
linges, lui retraça une obligation plus grande
& plus importante, celle de purifier ces Membres, & de fournir aux fidelles que ſouille le
péché, l'eau de la céleſte Doſtrine qui les
purifie, afin qu'ainſi purifiés, ils puiſſent contribuer à l'ornement de l'Autel & à la gloire
du Sacrifice. Il ſe crut d'autant plus tenu de
purifier les fidelles, dont les linges de l'Autel font la figure, que c'étoit en quelque
forte à lui à les unir avec Jeſus-Chriſt, pour
ne faire avec lui au Saint Autel qu'une même
Hoſtie. C'eſt ce qu'il aperçut dans cette Eau

myſtérieuſe que le Sous-Diacre verſe dans le
Calice, pour être offerte à Dieu comme le
vin, & comme lui changée au Sang de Jeſus-
Chriſt.

Ces ſublimes idées, mais malheureuſement
trop rares, élevoient l'ame de notre pieux
Aſpirant au Sous-Diaconat, & elles lui inſ-
piroient une reſpectueuſe frayeur, ſans néanmoins affoiblir le déſir qu'il avoit de ſe conſacrer à ces auguſtes fonctions, & ſans lui
ôter ce fonds de confiance qui fut toujours,
pour ainſi dire, l'ancre ferme ſur laquelle
il s'appuya : tant il eſt vrai que la connoiſſance approfondie de ſes devoirs fait toujours
un grand bien, & ne nuit jamais.

Dans la même ſource où il trouvoit de ſi
grands devoirs, il trouvoit auſſi la promeſſe
de grands ſecours ; & il demeura bien perſuadé
que l'Eſprit ſaint, invoqué ſur lui par le Pontife, répandroit ſur lui la grâce d'une entière
fidélité à ſon Miniſtère ; & en effet, ſon eſpérance ne fut point trompée : il reçut la diſcrétion avec l'Amict, qui en eſt le ſigne ; avec
le Manipule, la grâce des bonnes œuvres ; avec
l'Aube, l'alégreſſe & la joie dont le Seigneur
voulut bien le revêtir lui-même, & qu'il a
conſtamment conſervée juſqu'à ſa mort.

Heureuse récompense des soins qu'avoit pris l'Abbé de Laroque pour recevoir saintement cet Ordre sacré, & bien digne de fixer les défirs & le zèle de ceux qui y aspirent! Cette grâce, en effet, n'est pas refusée à ceux qui sont véritablement appelés de Dieu, qui ne mettent aucun obstacle aux effusions abondantes de son esprit, & qui lui ouvrent humblement & en toute simplicité, une ame affamée, un cœur droit & sincère.

Mais cette grâce, si précieuse & si désirable, pourroit-elle être le prix d'une vocation tout au moins équivoque, & qui n'auroit guère pour base que des considérations humaines? A Dieu ne plaise qu'il existe jamais des Lévites dont l'innocence ne seroit guère plus assurée que leur vocation, & à qui les épreuves les plus indispensables paroîtroient longues & rebutantes! Si jamais il en existoit de ce genre, ah! qu'ils ne s'attendent pas à de pareilles faveurs! la malédiction plutôt seroit leur partage; ils en seroient vêtus comme d'un manteau.

Eh! qui pourroit compter, qui pourroit peser les suites malheureuses qu'entraîneroit après elle cette funeste précipitation! Que pourroit attendre l'Église de ces Ministres dont
l'inutilité

l'inutilité seroit pour elle le moindre mal à redouter! Mais ne laiſſons pas égarer, ſur des vices que tout Eccléſiaſtique déteſte, un pinceau conſacré à peindre la vertu, & ne calculons pas des maux que nous aimons à croire imaginaires, dans un moment où notre plume ne pourra pas ſuffire à raconter des biens réels.

Appelé de Dieu comme Aaron, préparé de loin par l'innocence, & plus ſérieuſement par des réflexions ſérieuſes ſur l'état qu'il alloit prendre irrévocablement, l'Abbé de Laroque, loin d'avoir à ſe repentir de l'avoir pris, n'eut jamais que des grâces à rendre au Seigneur de l'y avoir appelé.

Au reſte, ſa manière de rendre grâces étoit excellente; il mettoit à profit les grâces qu'il avoit reçues, & il rempliſſoit de ſon mieux les obligations qu'elles lui impoſoit. Bien perſuadé que l'exercice des Ordres reçus, eſt ce qu'il y a de plus cher à celui qui les eſtime, & qu'on n'eſt pas loin de les mépriſer, lorſqu'on n'a pas le courage de les exercer, il s'y livroit avec une véritable dilatation de ſon ame; ſentiment bien conforme au déſir de l'Égliſe qui, dans le dernier de ſes Conciles, exhorte ſortement à rétablir par-tout, autant qu'il ſe peut, les fonctions de tous les Ordres.

D

Dix-huit mois s'écoulèrent entre cette Ordination & celle du Diaconat. Tout étoit, dans l'Abbé de Laroque, une préparation à cet Ordre ; mais il ne crut pas cette préparation suffisante, il fit une Retraite à St. Lazare, les jours qui précédèrent l'Ordination ; c'étoit au mois de Décembre mil sept cent soixante-trois.

Les admirables dispositions qu'il apporta à cette Retraite, les résolutions qu'il y prit, la grande idée qu'il se fit de l'Ordre auquel il alloit être promu, des grâces qui y sont attachées, & de l'influence qu'elles doivent avoir sur le reste de la vie, tout cela est trop édifiant pour qu'il nous soit permis de le supprimer, ni même de l'abréger. Le désir d'être court, nous en avoit d'abord inspiré la pensée, mais le bien exige que nous le rapportions en entier. Les Saints se peignent toujours mieux qu'on ne peut les peindre, & celui-ci le fait avec une simplicité ravissante, qui est à la fois le symbole & le garant de la vérité. Plût à Dieu que nous pussions écrire toute sa vie avec ses propres expressions, elle en seroit bien plus édifiante & bien plus digne du Lecteur.

« Le matin, dit-il, en me levant au » moins, je dirai à mon Dieu, que je m'u-

» nis à tous les Sacrifices qui lui seront of-
» ferts dans la journée, & à toutes les Prières
» qu'on lui fera, que je produirai autant d'Ac-
» tes d'amour, que je ferai de pas, que je
» lirai de mots, que je respirerai d'instans.

» J'éviterai tout ce qui pourroit me déran-
» ger de mes devoirs, & je tâcherai de me
» former à une vraie indifférence pour tout
» ce qui ne se rapportera pas à Dieu. Je re-
» mercierai continuellement Dieu des grâces
» qu'il m'a faites ; je lui ai offert toutes les
» actions hiérarchiques que je pourrai faire
» dans ma vie.

» Je regarderai le Diaconat comme la base
» de tout ; & la grâce qui y est attachée,
» comme une grâce sacramentelle générale
» pour tout le reste de ma vie. Cette grâce
» est comme un feu caché qui se peut dé-
» couvrir à tout instant ; elle est comme une
» liqueur qui se répandra toutes les fois que
» je le voudrai, & il faudra que je le veuille
» tous les jours de ma vie. J'y penserai spécia-
» lement les jours de ma Communion (1) &
» à l'examen du soir. Je me regarderai comme

____

(1) Élevé à une si haute sainteté, il ne com-
munioit pas encore tous les jours.

» entièrement consacré au Saint-Esprit, que
» j'invoquerai avec une confiance vraiment
» filiale. J'attendrai de la grâce de l'Ordina-
» tion, une force de cœur, un cœur de Dia-
» cre, de Séraphin, de Prêtre même ; un
» cœur semblable à celui de St. Étienne, de
» St. Jean, de St. François de Salles. J'en at-
» tendrai un amour violent pour Dieu & pour
» le Prochain, qui éloigne & détruise tout
» ce qui pourroit y être contraire, ainsi que
» toute affection mauvaise, dangéreuse ou inu-
» tile... J'en attendrai une force d'esprit, c'est-
» à-dire, une intelligence d'Ange, une science
» de Prêtre, une connoissance de tout ce que
» je devrai savoir, mais qui exclue toute es-
» pèce de vanité, car je tiens tout de Dieu,
» rien de moi. J'en attendrai une force de
» corps, c'est-à-dire, un corps d'action pour
» tout ce qui fera plaisir à mon Dieu ; une
» force qui exclue toute mollesse, toute sen-
» sualité, toute immortification ».

Le merveilleux de ces résolutions n'est pas
de les avoir faites, mais de les avoir gardées toute la vie, sans s'en écarter le moins
du monde dans pas une circonstance. Jamais,
non jamais il n'a été touché que des intérêts de Dieu, du salut des Ames, & de sa
propre sanctification.

Dans les méditations qui précéderent le Diaconat, deux choses sur - tout frappèrent l'Abbé de Laroque, & lui firent une impreffion qui ne s'effaça de fa vie. La première, ce font ces paroles aux Diacres dans leur Ordination : Soyez purs & chaftes comme il convient aux Miniftres de Jefus-Chrift , & aux Difpenfateurs des Myftères de Dieu , afin que vous foyez l'héritage du Seigneur , & que vous méritiez d'être les dignes Membres de la Tribu Sainte , qui eft l'objet des divines complaifances.

La prédilection marquée qu'il avoit toujours eue pour cette vertu, s'accrut encore par ces paroles ; il n'eft rien qu'il ne fit, point de moyen qu'il ne prit pour arriver au but confolant & fublime qu'elles montrent: Si l'Églife, fe difoit-il à lui-même , multiplie, fi elle entaffe les expreffions pour exhorter fes Miniftres à une pureté entière de cœur, d'efprit & de corps, fi elle promet à ceux qui feront fidelles une fi grande récompenfe , ah! c'eft qu'elle connoît combien cette vertu plaît à Dieu & ravit fon cœur!

La feconde chofe qui le frappa, ce font ces autres paroles adreffées auffi aux Diacres dans leur Ordination : C'eft à vous à contri-

buer à l'ornement de l'Eglise par une prédication toute divine, & par des exemples
parfaits qu'elle attend de vous.... en forte que
l'Évangile que vous annoncez, reluife dans
toutes vos œuvres, & que ces mêmes œuvres
foient comme une explication vivante de ce
même Évangile.

Ces paroles firent fur lui une impreffion fi
vive, que peu content de les graver dans fon
cœur, où il craignoit qu'elles ne s'effaçaffent, il
les inféra dans fon règlement de vie pour les
avoir fans ceffe fous les yeux. Il en conclut avec
raifon que le devoir indifpenfable d'un Diacre, étoit de répandre par toute fa conduite,
la clarté, la lumière & l'éclat qui font comme
le caractère diftinctif de fon ordre; il en conclut qu'il ne pouvoit plus fe fanctifier feul,
& qu'il devoit néceffairement travailler auffi
efficacement qu'il le pourroit à la fanctifi-
cation des autres, & par la prédication, &
par l'exemple; mais par une prédication où
il n'entrât rien d'humain, où il ne fe recher-
chât en rien lui-même; par une prédication,
en un mot, dont le motif & la forme fuffent divins en quelque forte comme la parole même qu'il devoit annoncer... mais par
un exemple foutenu, dont aucune variation,

aucun mélange ne pût empêcher ou affoiblir
l'impreffion : il en conclut que toute fa conduite devoit être comme un flambeau pour
diriger les hommes dans les routes de la vertu.
C'eft dans cette vue, & par ce motif que les
œuvres les plus pénibles & les plus dégoûtantes ne le rebutèrent jamais. Il auroit cru manquer effentiellement à la grâce de l'Ordre, &
à l'étroite obligation de luire par fon exemple, s'il avoit cédé un moment aux difficultés multipliées, & aux obftacles fans ceffe
renaiffans qu'on trouve à chaque pas dans la
pratique du bien & des œuvres de zèle. C'eft,
nous le répétons, cette force & ce défir de
répondre à la grâce de l'Ordre & au vœu
de l'Églife, qui l'ont foutenu jufqu'à la fin
au milieu des épreuves de toute efpèce. C'eft
là ce qui le conduifit de vertu en vertu, &
s'il eft permis de le dire, de zèle en zèle,
jufqu'au moment où il fut initié au Sacerdoce de Jefus-Chrift. Sans ceffe appliqué aux
fonctions de fon Ordre, l'inftruction, les bonnes œuvres & l'étude remplirent fes précieux
momens ; & fi le temps de la récréation n'a-
voit pas été confacré par l'obéiffance, il l'auroit regardé comme un temps perdu.

A voir des jours fi pleins, & une conduite

fi fainte, qui ne croiroit que l'Abbé de Laroque alloit bientôt être Prêtre, & qu'il lui tardoit infiniment de le devenir ? Quel Diacre ne fe croiroit pas affez prochainement difpofé à la Prêtrife, s'il étoit ainfi préparé ? Cependant dix-huit mois s'écoulerent encore ; & nous devons, pour l'inftruction des jeunes Lévites, rendre compte de fes fentimens & de fes réflexions durant ces délais qu'on appelle interftices.

Il défiroit, il eft vrai, & il défiroit ardemment d'être Prêtre. Faire defcendre Jefus-Chrift du Ciel, le voir comme de nouveau incarné dans fes mains, s'immoler avec lui par un même Sacrifice, cette penfée le fuivoit par - tout, & le raviffoit. Mais plus le Sacerdoce de la nouvelle Loi eft un état fublime, plus il s'en trouvoit indigne, plus il le redoutoit. La dignité du Prêtre, l'élévation éminente du Prêtre, les pouvoirs tout divins accordés au Prêtre le rempliffoient de la plus fainte & de la plus refpectueufe terreur. Jamais il ne méditoit qu'en tremblant ces paroles adreffées aux Miniftres même de l'ancien Tabernacle : Soyez Saints, parce que je fuis Saint... Soyez faifis de terreur à l'afpect de mon Sanctuaire. Nous ne prêtons rien à l'Abbé de Laroque, & ces idées ne font pas de nous ; elles font confignées dans fes plans de vie, dont nous allons rapporter l'abrégé ; & nous le ferons d'autant plus volontiers, qu'il fervira à détruire des idées qui ne font pas moins fauffes que dangereufes. On a imaginé qu'il avoit toujours été mené par le feul attrait, fans trop approfondir d'ailleurs les fujets de crainte qui avoient autrefois éloigné du Sacerdoce les hommes les plus éclairés & les plus faints, au point de les faire fuir dans les déferts, & de fe cacher jufques dans les tombeaux pour éviter d'être ordonnés.

Un Prêtre, c'eft l'Abbé de Laroque qui parle : « Un Prêtre eft élevé à la dignité d'un Ange ; » & c'eft en effet le nom qui lui eft donné, » non - feulement dans l'Ancien Teftament, » mais encore dans le nouveau.... Il eft une » efpèce de divinité, car il a le pouvoir de » remettre les péchés. Il l'emporte fur St. Jean- » Baptifte, dont le Miniftère fe bornoit à » montrer Jefus-Chrift du doigt... Il femble » même avoir des avantages fur la Sainte- » Vierge ; & fi par ces paroles, voici la Ser- » vante du Seigneur &c., elle le rendit préfent » dans fon Sein ; un Prêtre, par ces paroles,

» ceci eft mon Corps , le rend préfent fur l'Au-
» tel. Jefus-Chrift obéiffoit à la Sainte-Vierge ;
» mais n'obéit - il pas auffi au Prêtre qui le
» fait defcendre du Ciel , & le donne aux
» Fidelles , il s'en nourrit , il le touche , il
» le manie , il le porte où il veut , & en
» quelque forte il en fait ce qu'il veut ? …
» Bien plus , il femble que Jefus-Chrift lui-
» même fe dépouille de fa plus grande dignité
» en faveur du Prêtre , puifque de deux per-
» fonnages qu'il fait fur l'Autel , celui de vic-
» time & celui de fouverain Prêtre , il fem-
» ble ne retenir pour lui que celui de vic-
» time , & céder au Prêtre le fecond qui pa-
» roît plus grand : car le Prêtre après la Con-
» fécration bénir Jefus-Chrift , & le pourroit-
» il fi Jefus-Chrift ne lui avoit cédé la qualité
» de Pontife ».

Du milieu de ces réflexions , il jette un
regard fur lui-même , & s'arrête : on diroit
qu'il eft accablé , & comme anéanti fous le
poids majeftueux du Sacerdoce , & il s'écrie :
« Que faire donc , & comment fe charger
» d'un fi augufte & fi fublime Miniftère ! …
» O que St. Chryfoftôme avoit raifon de 'dire
» que s'approcher fans une vocation décidée ,
» & fans une vertu éminente , c'eft être pire
» qu'un poffédé du Démon » !

Que va-t-il donc faire lui-même ce digne Lévite, & quel parti prendra-t-il entre l'amour & le respect, l'attrait & la frayeur? Il ne peut ni déposer le sentiment intime de sa vocation, ni empêcher l'impression profonde de ces réflexions pleines de vérité, de justice & d'effroi. N'en doutons pas, ce qu'il auroit fait, s'il avoit été laissé à lui-même, c'auroit été de ne pas avancer. Mais ne craignons pas de perdre un Ministre d'autant plus digne qu'il s'en croit moins. L'humilité cédera à l'obéissance. Du milieu de ce feu qui dévore son ame, comme du milieu du buisson ardent, Dieu appelle notre Diacre, ce seroit un crime de reculer. C'est une voix brûlante, il est vrai, qui l'appelle, mais ce n'en est pas moins la voix de Dieu. Tout ce qu'il prétend ce Dieu terrible, c'est de bien faire entendre à ce nouveau Moyse, qu'il faut plus que jamais délier ses souliers, que la Terre où il entre, est une Terre sainte, & que rien d'humain ne doit y entrer avec lui.

Si tel étoit le combat qu'éprouvoit l'Ame pure & innocente de l'Abbé de Laroque, lui qui, dans l'état de perfection où il marchoit, ne pouvoit entendre qu'une voix de grâce & une réponse de vie, quel devoit être le combat de ces Lévites, dont l'Ame feroit moins pure, & qui ne pourroient entendre, du fond de leurs jeunes années, qu'une voix de péché & une réponfe de mort? Si la vocation la mieux caractérifée, & la mieux fcellée du fceau divin, étayée d'ailleurs des motifs les plus purs & des plus faintes difpofitions, ne dépofe fes terreurs, & ne fe raffure que fur l'obéiffance aux Supérieurs qui commandent de la part de Dieu, fur quoi fe raffureroient des vocations factices, toutes formées dans l'humanité, & qui n'auroient pour appui que la téméraire & fcandaleufe importunité des follicitations? Autant ces Lévites auroient à craindre, autant l'Abbé de Laroque avoit à efpérer; auffi le Seigneur ne ceffa-t-il jamais de le bénir lui & fon Miniftère.

On a vu que jufqu'ici toute fa vie a été un continuel exercice de vertu, & que tous les Ordres qu'il a reçu ont produit en lui les grâces qui leur font propres; on a vu fon défir de recevoir l'Efprit faint, & les preuves évidentes qu'il l'avoit reçu; on fe fouvient qu'avant fon Diaconat même, il demandoit déjà un cœur de Prêtre. Mais les approches du Sacerdoce ajoutèrent à fes défirs, des défirs plus vifs encore, & des prières plus ardentes. L'Esprit de Sacrifice devint en particulier l'objet de ses vœux, il ne cessoit de le demander à Dieu, & il vouloit par cet Esprit se disposer plus prochainement à célébrer dignement le Sacrifice de Jesus-Christ.

Pour attirer cet Esprit, il employa des retours plus fréquens sur lui-même, une plus grande circonspection dans ses paroles, pour ne pas dire un silence absolu, hors le cas de la nécessité ou des convenances qui en font presque une. Il se tint dans une présence de Dieu plus continuelle & plus profonde, il s'excita à un regret plus amer de ses fautes, il sonda toutes les dispositions de son ame ; & voulant faire de lui une Hostie vivante, il eut recours à toutes sortes de mortifications. Son but principal, en les pratiquant, étoit de s'essayer lui-même, & de s'assurer autant qu'il étoit possible, qu'il étoit dans la généreuse disposition de Jesus-Christ même, lorsqu'il disoit à son Père : je suis prêt à recevoir tous les coups qu'il vous plaira de me porter. Nous tremblons presque sur le tableau que nous venons de tracer, & nous osons à peine nous demander, si après longues années de Sacerdoce, cet esprit de Sacrifice réside en nous, cet Esprit, disons-nous,

fi néceffaire aux Prêtres, & que l'Abbé de
Laroque demandoit fi ardemment, & attiroit fi puiffamment au moment de fon Ordination.

Quel malheur, fi quelqu'un de ceux qui y
afpirent, ne fentoit pas la néceffité de cet
Efprit de Sacrifice, & s'il nourriffoit en lui
des idées bien plus propres à l'éloigner qu'à
l'attirer ! Eh ! combien ne faut-il pas à la
plupart des Afpirans, de grâce & de fidélité
pour entrer dans ces vues fublimes ! Combien n'ont-ils pas à fe roidir à cette époque,
fur-tout contre les vues peu faines de leur
famille ! C'eft dire trop peu. Combien n'ont-
ils pas à lutter contre le torrent de la chair
& du fang, & peut-être contre eux-mêmes !
On ne leur a montré dans le Sacerdoce qu'un
état humain à l'avenant de tous les autres états,
plus honorable peut-être & plus riche, mais
fans aucun rapport à ce qu'il a de furnaturel
& de divin. Eh ! n'eft-ce pas, pour le dire
en paffant, n'eft-ce pas pour cette raifon que
les Parens font fi étonnés, fcandalifés même
de trouver dans les bons Prêtres des vues tout
oppofées aux leurs, le défintéreffement par
exemple, l'éloignement des richeffes & des
honneurs, la préférence des places fubalternes ?

N'est-ce pas pour cette raison que les lieux où il y a plus de ressources, & si on ose le dire, plus de débouchés pour les enfans de famille, sont ceux qui fournissent moins de Prêtres ?

Imbus de ces idées humaines, qu'ils ont comme sucées avec le lait, & qu'on leur montre à cette époque d'une manière plus vive, leur est-il facile de s'élever au-dessus de cette révélation funeste, & de ne chercher que dans l'accomplissement de l'œuvre de Dieu, les principes de leurs devoirs, les règles de leur conduite, & la récompense de leur travail.

Que de larmes n'ont pas coûté à l'Église ces vues humaines horriblement destructrices de l'Esprit sacerdotal ! Le moyen unique de les tarir, & de ramener les jours qu'elle regrette, c'est de n'introduire dans son sein que des Ministres morts au monde & à eux-mêmes ; estimant les richesses du Ciel, & méprisant celles de la terre ; occupés de la gloire de Dieu, & non de la leur propre ; avides de travail, & non de dignités ; toujours prêts à sacrifier leur repos & leur vie même au bien des ames.

C'est dans ces principes que l'Abbé de Laroque reçut l'imposition des mains le premier jour de Juin 1765 ; & cet heureux jour fut celui de la consommation de son sacrifice. Devenu le Sacrificateur du Corps & du Sang de Jesus-Christ, il entra profondément, autant qu'il pouvoit le faire, dans les vues de ce Pontife éternel qui s'est sacrifié lui-même ; & il sentit plus vivement que jamais la nécessité de marcher à son tour dans la même voie. Nous savons, ou pour mieux dire nous avons vu de nos yeux, que cet esprit de sacrifice a dicté toutes les actions de sa vie sacerdotale. A Paris, comme en Province, sa vie ne fut jamais qu'une vie sacrifiée. Toute son histoire va nous en fournir la preuve la plus complète & la plus édifiante.

On se souvient qu'il avoit toujours exercé les fonctions attachées aux ordres qu'il avoit reçus, & on sent bien qu'il ne négligea pas la fonction la plus importante du Sacerdoce & la plus auguste. Nous dirons une fois pour toutes qu'il disoit la Messe tous les jours, à moins de quelque empêchement bien réel & bien légitime, ou à moins de cet ordre intérieur qu'intime l'humilité à tout Prêtre qui connoît la grandeur de cette action & la sainteté qu'elle exige, & qui n'a pas été assez malheureux pour oublier sa misère. Tout ce qui importe sur ce point pour la gloire du Serviteur de Dieu, &

pour l'édification des Prêtres, c'est de faire part des dispositions avec lesquelles il célébroit les saints Mystères, & des vues qu'il se proposoit... Nous trouvons tout cela tracé de sa main dans un de ses plans de vie. Voici comme il parle :

« Combien est-il important que je dise bien
» la Messe !... Mon Dieu ! quel Ministère me
» confiez-vous à moi qui suis le plus lâche &
» le plus misérable de tous les hommes !
» Comment avez-vous réservé un tel Minis-
» tère à des yeux, à une langue, à un cœur
» comme le mien ! Que vos jugemens, ô mon
» Dieu, sont terribles & incompréhensibles !
» Ayez pitié de moi selon votre grande misé-
» ricorde ! Misérable que je suis, je n'aurois
» pas été digne d'un si grand Ministère, quand
» j'aurois encore mon innocence. »

Peut-être sera-t-on bien aise de trouver ici l'Acte de Contrition par lequel il commençoit tous les jours sa préparation à la Messe. On va le lire :

« Mon Dieu, je suis saisi de douleur à la vue
» des offenses que j'ai commises contre vous ;
» pardonnez-les moi selon votre grande misé-
» ricorde, & faites-moi mourir si je dois vous
» offenser... Mais c'est votre volonté que j'offre

» ce Sacrifice si terrible & si saint... ô mon
» Dieu, vous connoissez les anciennes iniqui-
» tés de ma langue, de mes yeux, de mes
» mains, de mon cœur !... Comment oserai-
» je !... Purifiez-les donc, ô mon Dieu, selon
» votre grande miséricorde, & rendez-les un
» peu propres à votre redoutable Sacrifice...
» Pardonnez-moi mes infidélités nouvelles &
» quotidiennes. »

Tous les jours il se retraçoit l'intention générale que doit avoir tout Prêtre qui célèbre,
& il ne trouvoit pas que ce fût assez d'avoir sur
ce point une intention d'habitude ; il ajoutoit
ensuite les intentions particulières. Voici ses
propres paroles :

« Les intentions que Dieu veut que j'aie à
» la sainte Messe, sont de lui offrir un Sacrifice
» d'holocauste, d'action de grâce, de propi-
» tiation & d'impétration ; l'intention qu'il
» veut que j'aie, c'est de remercier sa divine
» bonté des grâces qu'il a accordées aux Saints,
» de prier pour les Ames du Purgatoire, pour
» les Justes, pour les Pécheurs, les Hérétiques,
» les Schismatiques, les Infidelles, pour mes
» Parens, pour mes Amis, pour mes Ennemis,
» pour mes Bienfaicteurs de toute espèce, pour
» la Ville, pour le Diocèse, pour le Royaume,

» pour l'Univers. Je me propose d'offrir aussi
» le Sacrifice pour moi , & d'y avoir toujours
» une intention particulière. »

La délicatesse de sa conscience étoit grande ,
la pureté de cœur qu'il apportoit à l'Autel étoit
admirable ; la moindre faute , le moindre manquement , la moindre imperfection , l'ombre
même de tout cela , étoit comme un poids
énorme qu'il falloit déposer. On le vit un jour
traverser plusieurs salles d'un Hôpital avec l'air
le plus contrit & le plus humilié , menant avec
lui, aux yeux de tout un peuple, un Confesseur,
pour déposer dans son sein ses peines & ses
prétendues fautes , avec autant de douleur que
si c'eût été les péchés les plus réels & les plus
énormes. Mais cette grande délicatesse s'allioit
en lui avec la plus humble docilité. Un jour
qu'il nous prioit de l'entendre , nous lui dimes
qu'il étoit mieux de nous prêter aux besoins
d'une multitude accourue pour se confesser ;
& cependant bien assurés de son intérieur ,
nous lui ordonnames de célébrer. Il le fit sur
le champ , & il renvoya sa confession au lendemain. Combien de personnes , d'ailleurs
pieuses , mais trop accoutumées à s'écouter
elles-mêmes, auroient fait des instances, murmuré peut-être , peut-être inculpé le Confesseur,

taxé fa charité, & fini par laiffer leur Communion! Qu'il nous foit permis de le dire, puifque l'occafion s'en préfente, il eft bien à craindre que ces perfonnes ne cherchent moins la gloire de Dieu & la pureté de l'ame, que leur propre paix; peut-être même un témoignage fecret qu'elles veulent fe rendre. Quoiqu'il en foit, car notre intention n'eft pas de troubler des ames timides, faciles à s'alarmer, ne feroient-elles pas mieux de n'être pas trop exigeantes, & de ne pas trop prendre du temps dans ces jours au moins, où les perfonnes occupées & les pauvres gens de la campagne réclament un temps qui eft le feul libre pour elles, & que la charité réclame pour elles à haute voix? Il nous femble voir des riches infatiables enlever aux pauvres le feul morceau qu'ils peuvent prendre, fous peine de mourir de faim.

Revenons à l'Abbé de Laroque. Les fentimens qu'il avoit dans l'ame, lorfqu'il célébroit, ou qu'il fe difpofoit à le faire, s'annonçoient par fon extérieur. Ce n'eft pas qu'il y eut en lui de l'affectation, jamais perfonne peut-être, ne fut plus loin que lui de toute fingularité : mais le feu étoit trop ardent au-dedans, pour ne pas jeter des étincelles au-

dehors. Sa modestie trahissoit son recueillement, & le montroit à l'œil, même en le
cachant. Nous prenons à témoins de cette
vérité, tous ceux qui l'ont vu célébrer les
saints Mystères, ou s'y préparer. Il n'en est
aucun qui n'en ait été frappé ; & quoiqu'il
soit très-ordinaire de voir monter à l'Autel
des Prêtres édifians, on ne peut pas refuser à
celui-ci une supériorité marquée. Tout, jusqu'à
sa manière d'être dans les Sacristies, d'y prendre les Vêtemens sacerdotaux, d'aller à l'Autel,
d'y prononcer, d'y faire les cérémonies, tout
étoit fait pour faire impression, & en faisoit.
C'étoit un ensemble qu'il nous a été possible
de sentir, mais qu'il nous est impossible de
bien rendre. Il n'étoit, comme on dit, ni
long, ni court à la Messe ; mais il étoit pénétré, recueilli & touchant. Son action de
grâces, à prendre ce terme à la rigueur, n'étoit
ordinairement que d'un quart-d'heure ; & il
savoit même l'abréger au besoin ; mais à le
bien prendre, & à parler vrai, sa préparation
& son action de grâces étoit continuelle. A
moins qu'il ne parlât à quelqu'un dans les
rues, ou qu'il n'allât traiter quelqu'affaire qui
demandât de la réflexion, il prioit Dieu dehors comme à l'Église ; & la présence de Dieu

étoit par-tout la nourriture de son ame.

Ainsi se préparoit à la Messe, ainsi disoit la Messe, ainsi se conduisoit après la Messe l'Abbé de Laroque ; & quand on agit ainsi, est-ce trop de la dire tous les jours ? Et si malgré cette séraphique ferveur, il s'en est quelquefois abstenu par humilité & par respect, n'est-ce pas un nouveau trait ajouté, & pour nous un nouveau réveil ?

Puissent de tels Prêtres se multiplier ! Si tout Prêtre est établi de Dieu en faveur des hommes, que n'auroient-ils pas à attendre des Prêtres de ce caractère & de cette sainteté ? Copiant de leur mieux le Pontife saint qu'ils représentent, n'est-il pas évident qu'ils ouvriroient les Cieux, & qu'ils seroient, selon l'expression de l'Écriture, comme autant de Stillicides sacrés qui arroseroient la terre, non pas goutte à goutte, mais par torrens. Mais par la raison des contraires, si jamais il y avoit des Prêtres disant la Messe sans aucun sentiment de leur misère, sans aucun désir de se sacrifier avec Jesus-Christ, sans préparation, ou avec une préparation dont toute l'onction seroit émoussée par l'habitude, sans action de grâces, ou passant presque sans intervalle de l'Autel dans les sociétés, ou aux choses purement temporelles ; des Prêtres regardant la piété comme un gain, & la Messe comme une branche de commerce, le Ciel ne deviendroit-il pas de bronze, la terre ne seroit-elle pas desséchée jusques dans ses racines, corrompue jusques dans son sel, livrée déjà à la stérilité, & prête à l'être au feu ?

Éloignons ces tristes idées, auxquelles la sainteté des Prêtres ne permet pas de s'arrêter, & que la conduite de notre Abbé, si digne de servir de modèle, doit dissiper sans retour. Sa première Messe fut comme une racine sainte qui porta, pour ainsi dire, toutes celles qu'il devoit célébrer dans toute la suite de sa vie, & qui influa merveilleusement sur elles, mais avec une circonstance bien remarquable ; c'est que tandis que souvent après une longue suite d'années bien des Prêtres s'estimeroient heureux d'être aussi fervens que le premier jour, il devint lui toujours plus saint, & chaque jour voyoit sa ferveur se renouveler & s'accroître avec le Sacrifice.

Le pouvoir de dire la Messe n'étoit pas le seul qu'il avoit reçu dans son Ordination ; celui de délier les Pécheurs étoit trop cher à son cœur, & trop conforme à sa charité & à son zèle, pour n'en pas faire usage. On ne tarda pas à demander pour lui des pouvoirs, qu'il se seroit fait une peine de demander lui-même. « Le premier théâtre de son zèle fut la paroisse » de St. Étienne-du-Mont, Paroisse nombreuse, » desservie par de bons Prêtres, mais dont le » nombre étoit alors insuffisant : il s'empressa » de venir à leur secours ; & quoique jeune » encore, il remplit la fonction délicate de » Confesseur avec une sagesse & une douceur » qui lui attirèrent la confiance, comme s'il » eût vieilli dans l'art des arts, la conduite des » ames. » C'est le témoignage que nous en a rendu un témoin oculaire digne d'en être cru. Eh ! dans quelles mains, en effet, les pouvoirs pouvoient-ils mieux tomber, que dans les siennes ? L'innocence, les lumières & la piété devoient tenir chez lui le pouvoir des Clefs ; le désir violent de la gloire de Dieu, & le tendre zèle des ames, devoient en régler l'usage. Sa vie toute entière avoit été une préparation au Ministère, qui donc pouvoit, mieux que lui, lier ou délier à propos ? Ami de Dieu, ami des hommes, qui pouvoit avec plus de confiance en être le Médiateur ? Si, d'un côté, il connoissoit la foiblesse du Pécheur & sa misère, il connoissoit, de l'autre, la justice de Dieu, & les saintes règles du Ministère.

niſtère ; d'une main il ſe tenoit à Dieu, s'il eſt permis de parler ainſi, pour ne pas tomber lui-même en s'abaiſſant trop vers le Pécheur ; de l'autre il relevoit le Pécheur, pour ne lui être pas inutile, en refuſant de s'abaiſſer juſqu'à lui. Sa grande maxime, qu'il a gardé toute ſa vie, étoit, « Qu'un Confeſſeur doit recevoir » & écouter tout le monde, & ne rebuter per- » ſonne. Il y a, diſoit-il, dans le plus grand » pécheur qui s'approche un lumignon qui » fume encore, il faut donc chercher à le » rallumer par une charité tendre, & non pas » l'éteindre par un air trop ſévère, des paroles » dures, ou un refus abſolu. Il n'y a, ſur ce » point, d'abus à craindre, que dans la préci- » pitation de l'abſolution. »

De là, s'il recevoit ſans délai à la confeſſion, pour ſeconder les premières opérations de la grâce, il s'en falloit de beaucoup qu'il reçût ſans délai à l'abſolution, quand le délai étoit néceſſaire. Une ſage diſcrétion préſidoit ainſi à ſes jugemens, & le faiſoit marcher avec aſſurance entre deux écueils qui bordent de deux côtés le Tribunal de la Pénitence ; nous voulons dire une facilité exceſſive qui ne lie jamais, & un rigoriſme outré qui lie toujours. Il n'eſt pas étonnant qu'avec de tels principes

il se soit attiré en débutant une confiance ordinairement plus lente à venir : cependant
ceux qui vouloient la lui donner, & qui ne
le connoissoient que par sa figure, avoient un
obstacle à vaincre, c'étoit son grand air de
jeunesse. Trouvera-t-on déplacé que nous en
rapportions une preuve, qui égayera un peu
notre plume & nos Lecteurs, & qui nous
rapprochera de notre but, en nous fournissant
l'occasion d'admirer la douceur du nouveau
Confesseur, sa gravité, & sa patience… Un
jour qu'il venoit d'entendre une Poissarde, il
sortit du Confessionnal lorsqu'elle étoit encore
tout près : surprise de ce grand air de jeunesse,
elle le fixe ; & avec une espèce d'indignation,
elle le mesure de la tête aux pieds : « Eh !
» vois, dit-elle à une de ses compagnes ; eh !
» vois, ma comère, à qui je me suis confessée !
» Et ce qu'il y a de plus amusant, c'est que
» je lui ai fait toute mon histoire. Mais je cours
» de ce pas lui dire son fait, & porter plainte. »
De le dire & de suivre l'Abbé de Laroque, ce
fut une même chose. Elle le joint, & lui dit
les choses les plus dures. L'Abbé de Laroque
se tourne, écoute jusqu'au bout, & sans mot
dire il supporte sa mauvaise humeur ; & puis,
sans aucune émotion, mais avec toute la gra-

vité sacerdotale , & toute la modestie d'un Ange , il lui dit : « Ma bonne , soyez tran- » quille , je suis Prêtre & approuvé ; & si vos » dispositions ont été bonnes , comme j'es- » père , vos péchés vous sont remis. » Cette réponse pénètre cette femme jusqu'au vif ; elle s'humilie , & s'en retourne en bénissant Dieu & son Ministre.

Pour rendre son Ministère plus utile , l'Abbé de Laroque ajoutoit l'instruction à la direction ; & ses Catéchismes , instructifs à la fois & touchans , préparoient les cœurs à la pénitence.

Cependant le temps de sa licence approchoit ; & dans l'intervalle qui l'en séparoit , il voulut faire visite à sa Famille. La consolation qu'il alloit lui donner lui paroissoit d'autant plus juste , qu'il se proposoit de faire , quoique sans le dire , les derniers adieux à ses Parens & à sa Patrie.

Le voyage présenta à cette Ame timorée des écueils , contre lesquels il voulut se prémunir avant son départ. Dans cette vue , il s'imposa la loi de ne jamais manquer son Oraison dans la route , ni dans le séjour , & de dire , autant qu'il se pourroit , tous les jours la Messe.

Autant il étoit occupé de nourrir sa piété

& d'en prévenir les brêches, autant étoit-il indifférent sur les commodités du voyage ; il partit à cheval avec des Militaires qui, comme lui, s'en retournoient en Province. Il étoit avec eux comme leur camarade, mais un camarade dont l'exemple les touchoit, dont l'honnêteté les charmoit, dont la modeſtie sans fard les raviſſoit. Vertueux eux-mêmes, ils reſpectoient sa vertu, qui étoit solide sans être farouche. Ils furent ses amis comme il étoit le leur, le voyage fut gai, heureux & innocent.

Arrivé dans sa famille, il fut reçu avec cette effuſion de cœur qu'il méritoit si bien par la ſienne. Son séjour y répandit une joie nouvelle, & on n'y étoit guère occupé, surtout sa tendre Mère, que du moment où le cher Abbé ne retourneroit plus à Paris. Plus il étoit connu, plus il étoit chéri, & ce n'étoit pas seulement des ſiens, mais des étrangers. Prêtre inſtruit & édifiant, bon fils, bon parent, bon ami, bon citoyen, il étoit cher à la Religion, & délicieux à la ſociété. Sans se prêter à rien de mal, il vivoit avec tous, & il avoit déjà le talent rare de dire la vérité, & de donner des avis utiles sans déplaire. Toute sa conduite & ses succès ſembloient fortir comme d'un germe de cette maxime, qu'il avoit puifé dans fa belle ame, ou dans les écrits de l'immortel Archevêque de Cambrai : « Pour bien vivre avec les hommes, rendez beaucoup, & exigez peu ». Cette maxime en effet fuppofe toutes les vertus, elle eft pour tous les états d'une utilité univerfelle, elle eft le nœud de toute union, & le véritable lien de la paix ; elle eft le plus excellent abrégé de morale, & peut-être pourroit-elle, fi elle étoit généralement adoptée, multiplier les Abbé de Laroque. Son mérite ne lui donnoit aucune prétention ; il étoit fimple dans fes converfations, comme dans fes habits ; jamais la fuperbe & intolérable ambition de primer dans les cercles, jamais un vain étalage des connoiffances qu'il avoit acquifes ; il ne parloit fcience que lorfque les circonftances en amenoient la néceffité. On l'eût volontiers comparé à ces fleurs qui s'annoncent par la bonne odeur qu'elles répandent, mais qui ne fe montrent pas : on ne peut les voir qu'en écartant les feuilles dont les couvre leur modeftie. Il ne marquoit aucune prédilection pour aucun fujet de converfation. Content de chercher, felon le confeil de l'Apôtre, ce qui eft bon, honnête &

édifiant, tout lui étoit égal, pourvu qu'il pût
aboutir à ce but. On s'apercevoit seulement
que les conversations, les plus intéressantes
pour lui, étoient celles qui avoient un plus
intime rapport avec la piété ; & dans les
occasions qui le permettoient, il avoit une
merveilleuse adresse à en amener le sujet :
& véritablement, c'étoit là son élément, &
il en parloit en Saint. Mais encore une fois,
cela ne l'empêchoit pas de parler avec intérêt de tout ce qui pouvoit intéresser les autres, pourvu qu'il n'y eut rien de mal. Il arrivoit de là que sa vertu n'ayant rien d'auftère, faisoit toujours des prosélytes à la vertu ;
& en gagnant ainsi les cœurs, on s'apercevoit bien, que ce n'étoit pas pour les arrêter à lui, mais pour les élever à Dieu. Tant
de qualités réunies faisoient désirer de plus en
plus, à tous ceux qui le connoissoient, qu'il
pût bientôt se fixer en Province.

Et véritablement les moyens sembloient
s'offrir tout naturellement & comme d'eux-
mêmes. Estimé & chéri de M. l'Évêque de
Condom, dont il étoit né le Diocésain ; estimé & chéri de M. l'Archevêque d'Auch,
qui avoit eu occasion de le connoître, il
ne pouvoit pas manquer d'être placé auprès

de l'un, ou auprès de l'autre. M. l'Évêque de Condom, celui-là même qui lui avoit donné la Tonfure, l'avoit pourvu d'un Prieuré, & depuis d'une Chapelle dont il jouiffoit lui-même dans l'Églife de Paris, trouva le premier un moyen de fe l'attacher par un Canonicat de fa Cathédrale. Il le lui offrit, & par le plaifir d'avoir auprès de lui ce digne Coopérateur, & par le défir de faire le bien de fa Ville & de fon Diocèfe. On fent tout ce que doit avoir de féduifant un établiffement honnête au fein de fa parenté, offert par un Évêque, qui joint à fes dons les marques flatteufes de l'affection & de la confiance, & qui pourra faire mieux encore dans la fuite. On fent combien ces confidérations déjà fi puiffantes par elles-mêmes, le deviennent plus encore lorfqu'elles font étayées des vœux de toute une Famille & de la Patrie. Mais les vues de l'Abbé de Laroque fe portoient ailleurs ; elles n'avoient rien de commun avec la chair & le fang ; & comme il voyoit dans l'offre qui lui étoit faite, un obftacle à l'exécution de fes projets, il en remercia M. l'Évêque, & le pria inftamment de donner le Canonicat à un autre. Le Prélat étonné, lui témoigna fa furprife : « Quoi,

» lui dit - il, vous ne voulez pas le Bé-
» néfice que je vous offre ! Vous n'y penſez
» pas, je vous donne huit jours pour y pen-
» ſer ».

L'Abbé de Laroque, qui ne vouloit pas vivre à ſon aiſe au milieu des honneurs dans
ſa Patrie, mais qui vouloit ſe livrer en Prêtre obſcur à toutes les œuvres de zèle qu'il
pourroit faire à Paris, & s'y préparer aux
Miſſions étrangères, remercia de nouveau le
Prélat ; & avec autant de reſpect que de franchiſe, il lui dit : « Monſeigneur, il en ſera
» dans huit jours ce qui en eſt aujourd'hui,
» & je vous conjure de donner le Canoni-
» cat à un autre ». Ainſi la Ville & le Diocèſe de Condom ſe virent - ils privés ſans retour de ce digne Miniſtre de Jeſus-Chriſt.

D'un autre côté, M. l'Archevêque d'Auch
ne perdoit pas de vue l'Abbé de Laroque ;
& le déſir de ſe l'attacher, croiſſoit à me-
ſure qu'il le connoiſſoit davantage. Il s'en
ouvrit enfin, & il lui dit nettement que
ſon intention étoit de le fixer dans ſon Diocèſe. L'Abbé de Laroque fut auſſi effrayé de
cette ouverture, qu'un autre auroit pu en être
flatté. Les intentions de M. l'Archevêque ne
s'oppoſoient pas moins à ſon projet des Miſſ

fions étrangères, que le Canonicat qu'il venoit de refuſer à M. l'Évêque de Condom. Cependant, il ſentit au fond de ſon ame une émotion qu'il n'avoit pas ſenti encore ; & quoique toujours tourné du côté de Paris, il n'avoit pas la même aſſurance qu'auparavant. On eût dit que l'ouverture de M. l'Archevêque avoit dévoilé un germe des vues de Dieu qu'il n'avoit pas aperçu. Le changement qu'il éprouvoit au dedans de lui-même, le combat intérieur de ſes déſirs avec les vues de M. l'Archevêque, la crainte vive de réſiſter à Dieu en réſiſtant au Prélat, & de ſuivre ſon propre eſprit au lieu de l'Eſprit ſaint, lui firent naître la penſée de conſulter ſur le parti qu'il avoit à prendre : « N'attachant, ſe » diſoit-il, à lui-même, n'attachant, ni aux » lieux, ni aux fonctions aucune préférence, » qu'autant que je crois y voir la volonté de » Dieu, je ſerois bien malheureux d'abonder » dans mon ſens, & de manquer cette vo- » lonté que je cherche uniquement. J'irai » donc conſulter un homme de Dieu, & je » ſuivrai ſes inſpirations ».

Il conſulte en effet un ami de cœur, & bien digne de l'être. C'étoit l'intime Confident de M. l'Archevêque ; Confident judi-

E v

cieux, qui avoit mérité toute la confiance
de son Prélat, & qui n'a pas moins mérité
celle de ses Successeurs. C'est dans le sein de
cet Ami droit & plein de l'Esprit de Dieu,
que l'Abbé de Laroque répandit son ame alar-
mée, & déposa ses perplexités. Il lui confia
ses projets, les œuvres qu'il avoit commencées à Paris, & les bénédictions que Dieu y
avoit répandues. Il ajouta aussi l'avantage qu'il
y avoit à vivre loin des siens pour opérer
l'œuvre de Dieu.

Plus l'Abbé de Laroque dévoiloit son ame,
plus cet Ami étoit édifié de sa candeur, &
ravi de son désintéressement & de son zéle.
Après l'avoir écouté jusqu'au bout avec la
plus grande attention, & une consolation sensible, il lui dit : « Ne vous alarmez pas des
» intentions de M. l'Archevêque, & des vues
» qu'il a sur vous ; elles peuvent bien être
» l'effet des vues supérieures de la Providence.
» Si vous n'êtes occupé que de trouver un
» vaste champ à votre zéle, je vous réponds
» que vous le trouverez dans le Diocèse d'Auch,
» & je vous réponds de plus que M. l'Arche-
» vêque viendra à votre secours pour tout le
» bien que vous voudrez entreprendre. Je ne
» vois donc pas que vous deviez craindre de

» vous voir fixé dans le Diocéſe où Dieu vous
» ouvre lui-même une carrière qui tournera
» à ſa gloire & à votre ſanctification ; & je
» juge au contraire qu'avec les diſpoſitions
» où je vous vois, vous y ſerez à votre place,
» & que vous pourrez, ſelon vos vues, y
» opérer le plus grand bien ».

Déciſion précieuſe ! Que ne nous eſt-il permis de nommer l'Homme excellent qui la
donna ! Si ſa modeſtie ne nous empêchoit
pas de dire, qu'il étoit alors le modèle &
l'ami de tous les bons Eccléſiaſtiques, comme
il en eſt encore aujourd'hui la reſſource &
les délices, nous l'aurions peut-être aſſez dé-
ſigné. Parmi toutes les obligations que lui a
le Diocéſe, il comptera toujours, avec la
plus juſte & la plus vive reconnoiſſance, celle
d'y avoir fixé l'Abbé de Laroque. Toute la
ſuite a montré qu'en l'y décidant, il n'a-
voit agi que par l'impreſſion de l'Eſprit de
Dieu, & qu'il liſoit déjà dans l'avenir les
grands biens qui devoient réſulter de ſa déciſion.

L'Abbé de Laroque étoit près de retourner à Paris pour entrer en Licence, & ſa
famille bien affligée de ſon départ. Mais elle
ſe conſoloit par l'eſpérance qu'il ne prolon-

geroit pas son absence, & qu'elle auroit enfin la douce satisfaction de le posséder, sans crainte de le perdre de nouveau ; sur-tout elle goûtoit d'avance de le voir fixé à Auch, & de vivre avec lui.

Admirons ici les vues profondes de la Providence. L'Abbé de Laroque n'étoit venu à Auch que pour y faire les derniers adieux à sa famille, & Dieu ne l'y conduit que pour l'y arrêter. C'étoit pour donner à cette Ville privilégiée, cet Homme apostolique, que Dieu, quelque temps auparavant y avoit amené sa famille, & qu'il lui avoit inspiré à lui-même la fermeté nécessaire pour refuser à M. l'Évêque de Condom le Canonicat qu'il lui avoit offert, & tout le bien qu'il auroit pu lui faire dans la suite, & par lui-même, & par sa recommandation.

Avec quels transports doivent lire ces réflexions les Ames conduites par l'Abbé de Laroque, puisque c'est à elles que Dieu l'envoyoit, & que c'étoit pour elles que tout s'arrangeoit à Condom, à Auch & dans la famille de l'Abbé. Foible crayon d'une Providence toute paternelle qui fait tout en faveur des Élus, dans le dessein de les conduire au bonheur, avec autant de douceur que de

force. Si ce petit bout de chaîne miséricor-
dieuse nous ravit, que sera-ce lorsque nous
la verrons toute entière! Heureuse la ville
d'Auch, si elle sait apprécier & mettre à profit
tous les traits de grâce , & si par des abus
elle ne force pas le Seigneur à lui soustraire
les secours abondans que depuis long-temps
il lui a prodigué.

Peu de jours après la décision qu'on lui
avoit donné , l'Abbé de Laroque partit pour
Paris. Mais il faut convenir qu'il commença
le voyage avec un fonds de préoccupation qui
ne lui étoit pas ordinaire. A la vérité, cette
préoccupation ne prenoit rien sur sa piété;
mais elle étoit en lui , comme malgré lui , la
comparaison du bien qu'il pourroit faire à Paris , avec celui qu'il pourroit faire en Province ; celle des dignités dont il seroit peut-
être revêtu à Auch , avec la vie privée &
obscure qu'il vouloit mener jusqu'à la mort.

L'obstacle que mettroit M. l'Archevêque &
sa famille à l'exécution de ses projets, obstacle qu'il n'auroit pas rencontré à Paris ; toutes ces réflexions jetoient dans son ame un
fond d'incertitude & d'irrésolution sur sa destinée. Toutefois il ne fut pas long-temps le
jouet de ses perplexités ; & quand on veut

prendre le même chemin que lui, avec lui aussi bientôt on arrive à la paix. Pour prévenir le trouble prêt à éclore de ces pensées, il se les interdisit, il jeta ses amitiés dans le sein du Dieu qui ne veut pas que l'ame du juste soit dans une agitation éternelle, il se remit tout entier dans ses mains, bien résolu de faire par-tout où le bon Dieu voudroit le placer, tout ce qui seroit en son pouvoir pour procurer sa gloire : car il ne faut pas penser qu'en venant à Auch, il perdit tout-à-fait de vue son projet. Il resta, nous dit un de ses amis intimes, « dans l'in- » tention de suivre son attrait pour ce saint » Apostolat, si les circonstances lui permet- » toient de croire qu'il fût conforme à la vo- » lonté de Dieu ».

Son premier soin en arrivant à Paris, fut de voir ses amis, les anciens compagnons de ses travaux, les émules de son zèle. Quelque douce qu'eût été leur relation durant l'absence, la présence fut plus douce encore ; mais ils n'employerent pas un grand temps à se faire des complimens. Ils étoient tous réciproquement assurés de leur cœur : contens de se retrouver, & ne voulant se retrouver qu'en Dieu & pour Dieu, dès le premier jour le nouveau venu fut invité à aller faire le Catéchisme aux Savoyards, & il y courut avec plus de plaisir, qu'un autre n'en auroit pris à se délasser d'un voyage long & fait à franc étrier.

Pour être plus à portée d'apprécier ce trait, le Lecteur remarquera que pour faire ce Catéchisme, il falloit faire un trajet de deux lieues ; & certainement il falloit à ceux qui proposèrent cette œuvre à l'Abbé de Laroque, autant de confiance en son zèle, qu'il lui en falloit à lui pour l'exécuter. Mais on savoit bien qu'on lui faisoit plaisir, & que c'étoit le mettre dans son centre, si on ose le dire, & au comble de ses désirs. A l'instant, toute son ame se dilate parce qu'il a trouvé l'occasion de faire le bien, un moment de retard ou de répit lui sembleroit un moment perdu.

Les différentes fonctions du Ministère qu'il exerçoit, ne l'empêcherent pas de remplir très-exactement les obligations, & d'observer très-rigoureusement les lois générales de la Licence. Il menoit de front tous ces objets, sans que l'un souffrit aucunement de l'attention qu'il donnoit à l'autre. Il n'étoit pas le premier de sa Licence, mais il étoit reconnu pour un des bons. Voici comme en parle un témoin oculaire, digne de foi : « Ses » progrès dans la science de la Religion, fu- » rent les fruits de son assiduité & de son » application à l'étude : ses connoissances & » ses lumières prirent chaque jour de nou- » veaux accroissemens, & il soutint les Thèses » de Bachelier & de Licence dans la Faculté » de Théologie de Paris, & toutes les épreu- » ves de cette laborieuse carrière avec suc- » cès ; mais toujours avec cette modestie qui » voudroit cacher aux autres, & se cacher à » elle-même ses talens & son mérite ». Et nous avons vu en effet, que dès son entrée en Théologie, il s'étoit proposé d'écarter le brillant qui auroit pu lui donner de la va- nité pour s'attacher au solide qui suffit au bien. Heureuse science, supérieure à toutes les autres, qui fait l'homme instruit sans le ren- dre vain.

Comme Prêtre, & près du degré de Doc- teur, l'Abbé de Laroque n'étoit plus astreint au règlement du Séminaire, il n'usa pourtant jamais de sa liberté que pour le bien. Tout le temps qu'il ne donnoit pas à l'étude, il le consacroit aux fonctions du Ministère ; mais jamais il ne se permit la moindre infraction du règlement, dans ce qu'il pouvoit en accorder avec les œuvres de zèle : il dit lui-même, dans un écrit de ce temps-là, qu'il obfervera le filence comme le dernier des Logiciens. Il obfervoit ainfi la promeffe qu'il avoit faite à Dieu lors de fa première entrée au Séminaire, d'obferver le règlement de *point en point*, & de ne demander, ni *difpenfe*, ni *privilége*. Le filence intérieur qu'il regarda toujours avec raifon comme le principe qui vivifie toutes nos actions, & qui attire fur elles les bénédictions du Ciel, il le confervoit au fein même de la vie active qu'il avoit embraffée.

Nous l'avons vu, dès le premier jour de fon retour à Paris, prendre, pour ainfi dire, poffeffion des Savoyards pour les inftruire, il ne difcontinua point cette œuvre pénible & dégoûtante. Moins ils étoient inftruits, moins ils avoient des difpofitions à l'être ; moins, en un mot, ils étoient en état de répondre à fes foins, plus il les leur prodiguoit. En vrai Miniftre mort à lui, & vivant pour Dieu feul & le prochain, il mefure fon zèle fur leurs befoins, & non fur des fuccès flatteurs qu'il ne cherche pas ; la plupart de fes Profélytes n'avoient, ni connoiffance, ni eftime de la Religion; la plupart vivoient dans le déréglement, & sembloient abrutis par la débauche, insensibles à tout autre appât qu'à celui de l'intérêt & de la bonne chère, incapables de faire un sacrifice au bien de leur ame... Que pensent la nature & l'amour propre d'un pareil Troupeau ?... Voilà, voilà pourtant ce que l'Abbé de Laroque préfére aux Canonicats, aux Dignités, aux titres de Grand-Vicaire, aux grandes Places, aux Emplois brillans ? O Homme vraiment Apostolique, vous n'avez pas encore été assez connu ! On nous passera cette exclamation, arrachée par la force du sentiment.

Mais comment s'y prendra-t-il pour discipliner & nourrir des vérités saintes un si étrange Troupeau ? A l'exemple de Jesus-Christ, il passera souvent une partie de la nuit en Prières, il dira souvent la Messe pour eux, il leur donnera toutes les marques d'une amitié tendre. Il leur fera de petites largesses selon ses facultés, il les visitera pour les inviter à venir aux Catéchismes & aux Retraites, il les instruira & les exhortera, il se fatiguera, il s'épuisera, & jamais il ne se rebutera. Voilà ses moyens ; & s'il en est d'efficaces, ce sont ceux-là. Aussi ces enfans, ces ouvriers , quoique fatigués des travaux de la journée, venoient-ils affidument l'entendre, & profitoient-ils de ses inftructions ; auffi le refpectoient-ils & le chériffoient-ils comme leur père. Celui de qui nous tenons ces détails, ajoute que fa douceur étoit un charme irréfiftible.

Les Xavier, les Regis, les Vincens eurent-ils à faire à des Hommes plus difficiles à conduire ; employèrent-ils des moyens plus coûteux à la nature ; & l'Églife, en canonifant leur zèle & leur charité, n'a-t-elle pas canonifé d'avance le zèle & la charité de notre Abbé ? Il donneroit fon fang comme il donne fes fueurs ; & il pourfuit fon œuvre avec tant d'affiduité & de conftance, que fa fanté & fa complexion même en eft altérée. Peu s'en faut qu'il ne tombe dans un épuifement incurable ; & pouvoit-il, fans une attention bien particulière de la Providence, ne pas fuccomber ? Au retour d'un voyage fatiguant, & de fes Inftructions plus fatiguantes encore, il ne trouvoit fouvent qu'une mauvaife nourriture, & des alimens froids, que la faim pouvoit bien faire prendre, mais que l'eftomac affoibli & prefque détruit ne digéroit pas. Auffi fa foibleffe devint extrême, & plus d'une fois il fut contraint de s'appuyer le long des maisons pour ne pas tomber dans les rues. Sans doute il auroit pu trouver quelque adouciſſement à une vie ſi dure, mais il ne vouloit, ni abandonner ſon œuvre, ni cauſer aucun dérangement dans la Communauté où il vivoit, ni demander aucune attention particulière. Il vouloit au contraire ſe former à toutes les rigueurs de l'Apoſtolat: il vouloit, à l'exemple de St. Paul, eſſayer de tout & ſe faire à tout, ſavoir vivre dans la pénurie comme dans l'abondance, ſupporter le froid comme le chaud, s'accoutumer à la faim comme aux bons repas. Il vouloit encore s'accoutumer à l'inclémence de l'air, aux intempéries des ſaiſons, aux mépris, aux injures, aux coups même, & à tous les mauvais traitemens poſſibles.

Outre la haute idée qu'il avoit de la vie ſacerdotale, & ſur - tout de la vie apoſtolique qu'il projetoit, il avoit preſque ſous les yeux, tant le ſouvenir en étoit récent, & dans ſa Communauté même, le ſpectacle frappant d'une vie ſemblable. C'étoit un Prêtre occupé des mêmes œuvres que lui, Prêtre à vie frugale & dure, qui ſouvent, au cœur de l'hiver, paſſoit la nuit dans la cour, ſans autre abri que les branches d'un arbre, sans autre couche que le tronc de ce même arbre sur lequel il s'appuyoit.

Notre Missionnaire des Savoyards se sentoit merveilleusement animé par cet exemple. Charmé que la Providence lui ménageât quelques incommodités, il les embrassoit avec l'avidité d'une ame qui veut mourir à tout, & il les recherchoit même lorsqu'il le pouvoit, sans se trop faire remarquer.

Un épuisement presque total fut le fruit de ce régime austère. Il lui survint une telle extinction de voix, qu'il ne pouvoit plus se faire entendre, mais il ne pensa pas pour cela à discontinuer son travail; & ne pouvant plus instruire, il continuoit d'entendre des confessions. Que ne peut donc pas la faim de la justice, & la soif de la gloire de Dieu & des souffrances? Avec des pareils principes, l'Église compteroit autant d'Apô-tres, qu'elle compte de Prêtres dans son sein, & elle subjugueroit aujourd'hui la mul-titude des vices, comme elle subjugua autre-fois la multitude des Dieux. Mais avec des principes contraires, avec l'attachement à la vie, la crainte des mépris, l'amour des aises, la soif des honneurs, un Prêtre sera toujours

un Prêtre au moins inutile, & l'Église sera
réduite à pleurer les jours anciens.

La crainte de se détruire par le travail &
les fatigues, est trop opposée à la vie apostolique, pour qu'elle entrât jamais dans l'ame
de notre Apôtre. Il ne connoissoit pas cette
tendresse sur soi-même, que l'attachement
à la vie nomme prudence, & qui dans
le fait est trop amie de la chair, & trop
ennemie des bonnes œuvres. L'Abbé de Laroque, sans se permettre ces imprudences
marquées qui abrègent promptement les jours,
& qu'il se seroit reprochées comme un crime,
n'étoit pas aux petits soins avec lui-même ;
& tout ce qu'il vouloit, étoit de fournir sa
carrière en plus ou moins de temps, comme
il plairoit à Dieu, à qui il en confioit tran-
quillement la durée. Cette bonne volonté &
ce courage furent à peu près son remède
unique ; & s'il se trouva mieux, c'est parce
que le Seigneur est le maître de la vie &
qu'il conduit aux portes de la mort, ou qu'il
en retire à son gré selon ses desseins.

L'Abbé de Laroque avoit déjà trop fait de
bien pour que les Libertins n'eussent pas à
s'en plaindre. Rebutés par les anciennes com-
plices de leurs débauches, ils résolurent de

s'en venger fur celui qui étoit l'auteur de ce changement. Ils s'affemblèrent dans une de ces maifons qui fervent d'afile à tous les crimes, & de-là ils firent avertir l'Abbé de Laroque qu'un Malade y réclamoit fon fe-cours. Il y court fans défiance, & il court à la mort fans le favoir : heureufement Dieu veille fur fes jours. Un Savoyard vient l'aver-tir du péril : « Où allez-vous, mon Père, » lui dit-il, où courez-vous fi vîte ? Dans cette » maifon que voilà devant nous ; un Malade » m'y attend, & je cours parce qu'il eft fort » mal, & que j'ai peur de n'y être pas à » temps. — Ah ! mon Père, gardez-vous bien » d'y entrer, c'eft une maifon d'abomina-» tion, il n'y a point de Malade, & on » veut à coup fûr s'y défaire de vous »…. L'Abbé de Laroque fe fent vivement preffé de croire à fa parole, il s'arrête, remercie le donneur d'avis, & s'en retourne. Au pre-mier pas il fe repent de n'avoir rien donné au Savoyard, il met la main dans fa poche, & fe tourne pour réparer fon abfence, mais le Savoyard eft déjà difparu : & quoiqu'il n'y eut ni coin à enfiler, ni maifon ouverte à une honnête diftance, il ne fut pas poffible de le retrouver. L'intime Confident, à qui l'Abbé de Laroque racontoit ce trait de sa vie, lui dit : mais peut-être y avoit-il quelque porte entrouverte ? Je n'en vis point. — Mais peut-être ne cherchâtes-vous pas bien votre Savoyard ? Si bien que je fus. — Mais comment étoit-il fait, vous souvient-il de sa figure ? Oui, elle m'est toujours restée, & jamais je n'en ai vu de si bonne mine. — C'étoit peut-être votre Ange gardien ? Dieu m'a fait des grandes grâces, répond l'Abbé de Laroque en rougissant ; & quelque piège qu'ait pu lui tendre le Confident intime, jamais il n'a pu le ramener à reprendre cette conversation.

Quoiqu'il en soit de ce Savoyard, vrai dans son rapport, & arrivé à point nommé pour conserver la vie à notre Apôtre, il en résulte toujours que Dieu prend soin des siens, qu'il leur conserve la vie, & qu'il s'en sert pour faire par eux le bien qu'il s'étoit proposé. Et en vérité, quand cette carrière est une fois remplie, c'est un grand bien de mourir, puisque nous ne devons vivre que pour Dieu, & que le moment de la Couronne de justice est arrivé.

Cependant l'Abbé de Laroque touchoit au moment de quitter Paris. Son Cours de Licence

cence avoit pris fin ; le Bonnet de Docteur étoit sur sa tête, & la Providence l'appeloit à Auch. Avant son départ, il voulut visiter les lieux où reposent les plus célébres Reliques, & cette pieuse curiosité fut un nouvel hommage rendu à la Religion, & un aiguillon de plus à sa piété. Dans cette espéce de pélerinage si chrétien, & réduit à des termes raisonnables, il eut le bonheur de couvrir sa tête du même Chapeau dont St. François de Sales avoit couvert la sienne, & de se servir à la Messe du même Calice dont s'étoit servi St. Vincent de Paule.

Il ne pouvoit lui rien arriver de plus agréable & de plus consolant ; c'étoient ses Saints. Il étoit comme hors de lui-même dans ces heureux momens : un feu nouveau de charité se glissa dans ses veines ; & il adopta plus que jamais cette maxime si digne d'être profondément gravée dans le cœur de tous les Prêtres : « Il faut tout faire pour le prochain, » excepté se damner. » Il manquoit encore une chose à sa piété avide, c'étoit le spectacle d'une vertu vivante qu'il pût comme voir à l'œil & toucher de la main. Il la trouva à la Trape & à Saint-Denis.

A la Trape il vit des Religieux vivans dans leurs cellules, comme dans le silence & la

folitude des tombeaux, nourris & vêtus d'auf-
térité, mais goûtant fous ces livrées qui ef-
frayent la chair, toutes les douceurs de l'efprit,
& toute la paix de l'ame. Il en fut tellement
édifié, qu'il en fortit avec peine ; & il en a
toujours parlé depuis avec une forte d'enthou-
fiafme. Il y prit un tel goût pour ce genre de
vie, que nous le verrons dans la fuite demander une place à Sept-Fonts, l'émule de
la Trape.

Un intime Ami l'accompagna dans ce voyage ; & voici ce qu'il nous en apprend : « Lorf-
» que nous fumes arrivés à la Trape, le Père
» hôtelier s'aperçut bientôt qu'il donnoit l'hof-
» pitalité à un Saint : il admira la piété fimple
» & naïve de l'Abbé de Laroque ; & il ne ceffa,
» pendant notre féjour dans le Monaftère, de
» montrer un pieux empreffement de converfer
» avec lui. Le Père Abbé l'accueillit auffi avec
» une cordialité amicale. L'Abbé de Laroque
» fe confeffa à un de ces faints Religieux, &
» dit la fainte Meffe dans leur Églife : je fuivis
» fon exemple ; & nous profitames de notre
» féjour dans cette édifiante Solitude, pour
» nous tracer des règles de conduite que j'ai
» confervées, & dont le but étoit de fuivre,
» dans les Diocèfes où la Providence nous

» appeleroit, le même plan de vie que l'Abbé
» de Laroque s'étoit prescrit, & qu'il avoit
» constamment suivi dans le Séminaire. »

Il étoit impossible en effet à l'Abbé de Laroque, de suivre un meilleur plan que celui
qu'il avoit déjà constamment suivi : mais à la
vue des dangers auxquels il alloit être exposé,
lorsqu'il seroit, quoique forcément, répandu
dans le monde, il voulut élever un rempart
de plus contre la séduction ; & de peur que
les occupations inséparables de son nouvel état
ne fussent un obstacle à ses pratiques de piété,
il voulut mettre un sceau à ses résolutions,
sous les yeux même de la pénitence & de la
sainteté, ou plutôt dans le sein de l'une &
de l'autre.

« J'offrirai, dit-il, exactement tous les
» jours, & souvent dans le jour, mes actions
» & mes peines. Je serai fidelle à l'oraison &
» à l'examen particulier. Tous les jours, autant
» que je pourrai, je dirai la Messe avec une
» préparation & une action de grâce plus ou
» moins longue, selon les circonstances. Tous
» les jours je lirai l'Écriture-Sainte, & quelque
» Livre de piété. . . . J'éviterai les rapports
» trop fréquens avec le monde ; & je ne pren-
» drai des repas au-dehors, que lorsque la né-

» ceſſité ou les bienſéances m'y forceront.
» Jamais je ne toucherai ni fuſil ni cartes ,
» comme je l'ai déjà promis à Dieu depuis
» long-temps. »

Il y a encore dans ce Règlement un point qui prouve bien la tendreſſe & la force d'une ſainte amitié pour ſon Compagnon de voyage , & qui , dans un ſiècle tel que le nôtre , mérite bien de trouver place dans cette Vie ; mais pour ne pas nous répéter , nous le renvoyons au lieu où nous parlerons plus ſpécialement de ſes vertus , & où nous nous propoſons de le rapporter tout au long.

Avec ces précieuſes proviſions , l'Abbé de Laroque quitta la Trape , & s'en retourna pour quelques jours à Paris. Il s'empreſſa d'aller à Saint-Denis , pour y mettre le comble à l'odeur de ſainteté qu'il venoit de reſpirer à la Trape. C'eſt là en effet, qu'il eut l'honneur de voir l'auguſte & immortelle Fille de Louis XV, Madame Louiſe. Immolée ſur le ſacrifice de ſa Foi , elle préſentoit toutes les vertus : il lui fut permis de l'entretenir ; & il a toujours mis au nombre de ſes jours les plus heureux & les plus ſaints , celui où il put reſpirer le parfum de cette illuſtre Fleur du Carmel qui embaume toute l'Europe.

Un ambitieux auroit pensé à mettre ce jour à profit pour l'ambition ; le vertueux Abbé ne pensa à le mettre à profit que pour la vertu. En voyant Madame Louise il avoit voulu s'édifier, & non pas s'agrandir ; & on le verra dans la suite résister aux instances les plus flatteuses, & finir par refuser sans retour l'emploi de Visiteur des Carmélites de France, quoique ce soit une voie sure aux Dignités ecclésiastiques.

Il ne lui restoit plus qu'à prendre congé de ses Amis, & à donner aux ames qu'il conduisoit, & à ses chers Savoyards, les derniers avis d'un Père tendre. Il s'acquitta de ce double devoir avec toute l'énergie du zèle & de la charité. Il les recommanda à Dieu comme St. Paul, & à sa grâce, & il partit pour le lieu de sa destination.

Il étoit attendu à Auch avec un empressement qui sembloit annoncer les grands biens qu'il devoit y faire. Son arrivée y combla de joie le Prélat qui l'avoit appelé, & sa Famille. Il prit d'abord un logement dans la maison paternelle, mais son dessein n'étoit pas de s'y fixer ; le Séminaire étoit plus de son goût, & offroit plus de facilités à la vie cachée qu'il se proposoit de mener. On sent bien qu'il trouva de grands obſtacles à l'exécution de ce projet de la part de tous les ſiens, & ſurtout de ſa tendre mère : « J'ai eſpéré de vivre avec » toi, lui dit-elle ; pourquoi veux-tu me ravir » cette conſolation, la plus grande que je puiſſe » avoir ſur la terre ? Tu vivras chez moi comme » tu voudras : ta ſanté foible & délabrée de- » mande des ménagemens ; le régime d'un » Séminaire ne va pas à l'état où tu es ; le pu- » blic même trouvera une ſorte de ſingularité » à la préférence que tu donneras au Séminaire » ſur ta propre maiſon. »

L'Abbé de Laroque ſentoit tout cela, & le ſacrifice qu'il eut à faire ne coûta pas peu à ſon ame ſenſible ; mais une conſidération plus forte, un motif plus puiſſant l'emporta ; c'étoit la crainte de ſe trouver trop ſouvent dans le monde, & d'ébrécher un temps qu'il vouloit tout entier pour Dieu, pour le prochain, & pour lui-même. Il marqua dans les termes les plus tendres & les plus forts, ſon amour & ſa reconnoiſſance ; & il fit conſentir, quoique à regret, à ſa réſolution.

L'ordre établi dans le Séminaire fut le ſien. Auſſi ſimple que les Séminariſtes, leur Cama-rade & leur Ami, il mangeoit avec eux, il prenoit ſa récréation de matin avec eux, il alloit en promenade avec eux ; s'il ne prenoit pas auſſi avec eux la récréation du ſoir, c'étoit pour dire ſon Chapelet, & pour préparer ſa méditation du matin. Il ne voulut aucune diſtinction ; & il n'en eut point d'autre que celle que donne une plus grande vertu.

Il s'appliqua à l'étude du Droit Canon, & il s'y prépara comme à toutes les autres, par la prière & la pureté des vues. Il prit pour ſon Directeur & pour ſon guide, le Supérieur du Séminaire ; & il voulut en dépendre ſi abſo-lument, qu'il ne ſe permettoit pas un voyage, quelque court qu'il pût être, pas même une ſortie du Séminaire, ſans ſon agrément. Ainſi l'obéiſſance étoit-elle le partage du Grand-Vicaire, comme elle l'avoit été de l'Écolier & du Séminariſte. Il faut convenir que Dieu lui avoit préparé dans ce Supérieur un homme bien digne de toute ſa confiance, par ſes ta-lens, par ſa piété, & par la ſolidité du juge-ment : c'étoit l'Abbé Caſſagnolles, conſommé dans la conduite des ames, & dans le gou-vernement eccléſiaſtique.

Ce fut ſous cet Homme, dont le nom ſera toujours en bénédiction dans ce Diocèſe & dans les Diocèſes voiſins, & dont la mémoire ſera à jamais en vénération, que l'Abbé de

Laroque se mit, pour ainsi dire , en appren-
tissage du gouvernement du Diocèse dont il
avoit une portion. Le Maître regardoit le Disciple comme son fils , & le Disciple regardoit
le Maître comme son père. « Que deviendrois-
» je , nous disoit-il un jour , si M. Cassagnolles
» venoit à me manquer ? »

Tout occupé des moyens de se rendre de
plus en plus digne de la confiance de son
Prélat, & de mériter celle du Diocèse , il sembloit avoir oublié la direction des ames , &
les œuvres de zèle pour lesquelles il avoit
montré tant d'empressement , lorsqu'il étoit
encore à Paris. Le moment de s'y livrer tout
entier n'étoit pas venu encore ; il falloit que
la vie cachée le préparât à la vie publique , &
qu'une humilité plus profonde lui frayât le
chemin à une plus grande élévation.

Heureux ceux que Dieu élève par cette voie !
Heureux ceux qui ont affaire à des hommes
que la main de Dieu a élevés de cette manière ! Il n'a eu , jusqu'à ce moment , qu'un
titre de Grand-Vicaire , & il n'en a presque pas
fait usage. Mais la Providence , qui n'oublie
pas le mérite qui se cache , va bientôt faire
éclore pour notre Abbé les occasions de se
montrer, & de faire paroître , malgré lui , ses
talens & ses vertus.

Le 27 Mars 1768, il fut fait Chanoine de la Métropole d'Auch. Ce Bénéfice, en multipliant ses rapports, & en le forçant de se produire, le fait connoître, & lui ouvre la porte de toutes les bonnes œuvres.

Son premier soin fut de méditer sur les devoirs d'un Chanoine, devenus les siens, comme sur tous ceux que jusque-là il avoit eu à remplir. La discipline du Chœur, que les Canons appellent avec raison une discipline pleine de piété, devint l'intéressant objet de ses plus sérieuses réflexions; & il se forma sur elle. Autant cette institution l'emporte sur les autres aux yeux de l'Église, autant se crut-il obligé d'en remplir tous les devoirs. Il se regarda comme voué à cette régularité, & à cette ferveur que la raison & la Loi exigent d'un homme chargé par état, de l'exemple & de la prière publique. Il se préparoit par le silence & la méditation à cette dernière fonction, si importante au jugement des Apôtres, que tout occupés qu'ils étoient d'ailleurs, ils se l'étoient spécialement réservée. Il étoit assidu & ponctuel au Chœur, dont rien encore alors ne le dispensoit. Il y observoit un silence sévère, un recueillement profond, une modestie frappante. Il gagna bientôt l'estime de ses vertueux

Confrères : ce qu'on appelle monde, n'étoit pas
auſſi content de lui : il méprise dans le fonds
les Prêtres qui ſe mêlent à ſes ſociétés & à ſes
fêtes, & néanmoins il ſe fâche contre ceux
qui ne veulent pas s'y mêler. L'Abbé de Laroque ne déféra pas à ſes contradictoires prétentions ; il ſe contenta du ſuffrage de la règle
& de la piété, le ſeul en effet qui ſoit digne
de l'ambition d'un bon Eccléſiaſtique.

Il n'étoit Chanoine que depuis peu, lorſqu'on lui propoſa une œuvre importante. Il y
avoit, dans la ville d'Auch, des familles réduites
à la plus extrême miſère, & que la honte con-
damnoit à mourir de faim, plutôt que de la
manifeſter ; il falloit deviner leur détreſſe, &
venir à leur ſecours ſans les humilier. Il y avoit
des filles mendiant leur pain de porte en porte,
& même dans l'intérieur des maiſons, où toujours la charité n'habitoit pas ſeule. Trop
jeunes pour gagner leur pain à la ſueur de leur
front, & pas aſſez pour conſerver dans ce pé-
rilleux métier leur innocence, il falloit pourvoir à leur ſubſiſtance, & les arracher au péril
de cette mendicité. Oſerons-nous dire qu'il y
en avoit auſſi qu'il falloit arracher à des exemples trop près d'elles pour n'en pas reſſentir la
cruelle impreſſion ! Il y avoit des malades que

le genre de leurs maux ne permettoit pas de recevoir à l'Hôpital, parce qu'il n'y a pas de places pour les incurables, quoique leur fort ne foit ni moins trifte, ni moins attendriffant que celui des autres malades, & qu'il fût très-intéreffant pour l'humanité d'en fonder de pareilles ; il falloit leur procurer des fecours qui manquoient, & que réclamoit la néceffité. Il y avoit enfin des malades que le nom feul d'hôpital révoltoit, & qui aimoient mieux périr de faim & de misère, que de fouffrir qu'on les y portât ; il leur falloit des fecours qui ne fuffent pas pour eux pires que la mort.

C'eft alors que commencèrent à fe dévoiler aux yeux du public les talens de l'Abbé de Laroque, & les reffources de fa charité. Il montre à M. l'Archevêque, à M. l'Intendant, & à nombre d'autres perfonnes riches & charitables, l'importance de l'œuvre ; il emprunte l'énergie & la chaleur de la douleur & de la charité ; il donne lui-même autant qu'il peut, & au-delà ; il moiffonne à pleines mains dans le champ qu'il vient d'ouvrir en faveur des pauvres ; il les nourrit en affurant leur vertu, & en ménageant leur délicateffe. Il foigne les malades de toute efpéce, fans leur faire une violence capable d'aigrir leurs maux, au lieu de les guérir. Il ramasse dans les rues des filles prêtes à se perdre, & il leur procure le double avantage de la nourriture & de l'éducation. Mais il ne se borne pas à un soulagement momentané ; & pour le rendre durable, il jete les fondemens de deux établissemens à jamais utiles.

Pour soutenir l'œuvre des malades, il établit une assemblée de Dames de Miséricorde ; il la convoque tous les quinze jours une fois ; & par cet ordre il les tient, pour ainsi dire, toutes dans sa main, & fait ainsi tout le bien qu'il pouvoit faire par elles : il les instruit, & il les forme à la charité & à toutes les autres vertus.

Les discours qu'il leur faisoit, étoient simples, mais pathétiques ; ils étoient précédés d'une lecture de piété qu'une de ces Dames faisoit devant lui, & suivis du compte qu'on lui rendoit du nombre & de l'état des malades ; on calculoit ensuite les besoins, & on les confrontoit aux ressources : si les fonds manquoient, il en fournissoit sur le champ de nouveaux ; & jamais ces Dames ne se trouvoient dans la cruelle impuissance de venir au secours des malheureux. Aucun malade n'échappoit à leur vigilance. Chaque semaine un certain nombre de ces Dames se partageoient les trois Paroisses de la Ville, & ses murs n'étoient pas les bornes de leur charité; elles portoient dans le voisinage, & jusque dans les chaumières de la Campagne, les soins, les secours & la consolation; & lorsque la distance des lieux les empêchoit de les visiter elles-mêmes avec bienséance, elles s'associoient des personnes sûres & charitables qui les remplaçoient; ainsi toutes les misères étoient vues dans le plus grand détail. Soigner les malades, & les encourager; les exhorter à la patience, & la leur donner presque par le secours & par l'affection qu'elles mettoient dans le traitement; panser les plaies les plus dégoûtantes, peigner les enfans, pourvoir aux lits nécessaires, présider au bouillon & à la distribution; entrer dans les maisons les plus mal-saines & les plus mal assurées, pénétrer dans les plus noirs cachots, y fournir du linge & des secours de toute espèce, ceux de l'ame comme ceux du corps; voilà la sainte occupation de ces Dames, dont plusieurs tenoient un haut rang dans la Ville, qui ne rougissoient pas d'être les Servantes des Pauvres, & dont l'Abbé de Laroque avoit fait autant de Sœurs de la Charité.

Quant aux moyens dont il se servit pour

procurer aux filles qu'expofoit la mendicité, l'oifiveté, & le défaut d'éducation chrétienne, un afile affuré, nous aurons lieu d'en parler avec plus d'étendue ; & nous nous contente- rons de dire ici, qu'il loua une maifon où, fous la conduite de quelques pieufes Demoi- felles, ces filles recevoient, fans aucun péril pour leur vertu, la double nourriture de l'ame & du corps.

Hâtons-nous de parler d'un bien plus pré- cieux encore. La ville d'Auch venoit de perdre les Jéfuites, & avec eux une infinité de ref- fources pour le falut. Les Ouvriers occupés ailleurs par leur état, ne fuffifoient pas à la moiffon ; & la piété baiffoit de jour en jour, dans une Ville où la corruption des mœurs avoit été jufque-là à peu près inconnue. Les Pafteurs, les bons Prêtres, les Ames fidelles gémiffoient ; & l'ennemi avançoit fon œuvre. On favoit d'ailleurs les grands biens qu'avoit opéré à Paris la direction de l'Abbé de La- roque, & c'étoit un motif de plus pour la défirer. On le pria donc de fe prêter au Mi- niftère. Comme il n'étoit plus fimple Parti- culier, & entièrement le maître de fon temps & de lui-même, il n'ofa rien promettre ; & pour ne rien précipiter, il répondit modeftement, qu'il consulteroit M. l'Archevêque. Le Prélat n'y vit que le bien, & notre Abbé eut toute sa liberté : mais pour consacrer à l'humilité les prémices de son Ministère, il dit au Pasteur qui l'avoit prié, qu'il pouvoit lui envoyer des enfans. Il étoit Maître en Israël, & il vouloit n'être regardé, & ne se regarder lui-même que comme un Apprenti. Toute la suite a répondu à cet humble début ; non qu'il ait borné son Ministère aux enfans, mais jusqu'à sa mort il leur a réservé certains jours de la semaine ; & ce n'étoit pas une petite édification, que de voir le Confessionnal d'un Grand-Vicaire entouré de petits garçons & de petites filles en qui il conservoit l'innocence, qu'il nourrissoit du lait de la piété, & qu'il préparoit de loin à la première Communion.

Par une suite non moins merveilleuse de son humilité, le pauvre a toujours été aussi bien accueilli, ou mieux encore que le riche. Jamais on ne vit chez lui de prédilection, ni ces misères qu'on appelle prétentions, & qui quelquefois déparent un peu le zèle devant les hommes, en attendant de les déférer à la Justice de Dieu. Il écoutoit sans distinction les servantes & les maîtresses, les paysans comme les bourgeois, les artisans comme les nobles ; & cela même étoit pour lui une consolation, parce que « cela rend, disoit-il, mon Ministère plus » ressemblant à celui du saint Précurseur, & » à celui de Jesus-Christ même, près de qui » l'on voyoit plus de petits que de grands du » monde, & qui donnoit comme une preuve » de sa mission sur la terre, l'Évangile annoncé » aux Pauvres. » Nous aurons occasion de voir plus en détail ses principes sur ce point délicat & important tout ensemble.

Il ne pouvoit pas manquer de répondre parfaitement à l'attente du Public, & à la confiance qu'il avoit d'abord inspirée. L'un vantoit sa douceur, l'autre sa charité : celui-ci étoit pénétré de l'onction de l'Homme de Dieu ; celui-là de sa sainteté éminente ; & ce qui faisoit encore mieux son éloge, c'étoient les fruits abondans de sa direction.

Nous pouvons ici, sans altérer l'inviolable sceau du Ministère, rendre publics les aveux faits par une infinité de personnes, que sans l'Abbé de Laroque elles étoient perdues. C'é-toit des muets à qui d'humiliantes passions avoient lié la langue, & qui aux yeux de leurs Confesseurs, comme aux yeux du monde, s'étoient couverts du manteau de l'hypocrisie, bien moins retenus alors par la honte d'avouer leur turpitude, que par celle d'avouer leur dissimulation. Triste fruit des Confessions de cette espèce, d'ajouter à la déclaration du crime une honte de plus, ou de retenir à jamais dans un malheureux silence qui perd sans ressource. C'étoit des ames que l'intérêt livroit aux passions & à la débauche, & en qui la conversion devoit opérer une révolution entière dans leur bien-être, fruit affreux de leur iniquité. Elles portoient avec quelque regret l'infame chaîne ; elles poussoient par intervalle quelque soupir vers la liberté des enfans de Dieu ; mais leurs désirs & leurs regrets alloient toujours se briser contre l'usage des commodités de la vie.

Le nouveau Confesseur délioit la langue des premiers, en allant sans affectation au-devant de leur honte, & en leur donnant des marques d'une effusion de cœur & d'une tendresse irrésistible. Il rompoit la chaîne des autres, en ajoutant à la Morale la plus forte & la plus pathétique, les largesses & les bienfaits.

C'étoit des ames irrésolues, voulant aujour-d'hui, ne voulant plus demain, tantôt à Dieu, tantôt au monde, au vice tour-à-tour

& à la vertu ; effrayées jusqu'à un certain
point du cercle de bien & de mal où elles
se rouloient alternativement, mais n'ayant
pas la force de s'arracher aux occasions, ou
à une dissipation funeste qui en faisoit des
vases fêlés d'où s'écouloient l'inspiration &
le désir du bien, l'Homme de Dieu les gué-
rissoit par un mélange admirable de douleur & de sévérité. Il prescrivoit un régime
dont il falloit souvent rendre compte ; il présentoit des tableaux vifs & animés de la lai-
deur du vice, de la beauté de la vertu, de
l'injustice, de l'ingratitude, & de la fin de
ce malheureux état, presque toujours funeste,
pour peu que l'on veuille y croupir. Son
zèle, comme celui d'Élie, s'enflammoit à
la vue de ces ames boiteuses, si nous osons
le dire, mais sur-tout il les portoit souvent
devant Dieu, & à l'Autel il prioit pour elles ;
ressource presque toujours bénie de Dieu,
prières presque toujours efficaces de la part
d'un bon Prêtre qui s'intéresse vivement au
salut des ames qu'il dirige. C'est des pécheurs
eux-mêmes que nous tenons ces intéressans
détails, qui peut-être, au premier coup d'œil,
ressemblent à un Panégyrique, & qui au
fond ne sont que les expressions simples &

naturelles de ces pécheurs, ramenés à Dieu par ce digne Ministre.

On en a vu qui espéroient tout des miséricordes du Seigneur, s'ils pouvoient parvenir à se mettre sous la conduite du saint Confesseur arrivé à Auch. Il n'étoit pas jusqu'aux pécheurs insensibles, ce sembloit, & endurcis, qui ne sentissent quelques mouvemens vers le bien, lorsqu'ils le voyoient seulement, ou qu'ils entendoient parler de lui.

Que ne peut donc pas un Ministre animé de l'Esprit de Dieu, & que ne pourrions-nous pas tous ensemble, si tous nous avions le bonheur de l'être ! Quel compte n'aurons-nous pas à rendre, si faute de zèle, nous laissons la vertu languir & s'éteindre, la Religion s'affoiblir, l'incrédulité s'étendre, le vice triompher !

Tant de bénédictions répandues sur le Ministère de l'Abbé de Laroque, tant de preuves déjà données de son amour pour le bien, firent désirer au Public qu'il fût Curé de l'Église d'Auch. Le Curé de cette Église, qui a successivement & éminemment rempli, & qui remplit encore les places les plus intéressantes du Diocèse, avoit été entraîné par son zèle à un état de dépérissement qui faisoit craindre pour fa vie, & c'étoit la raifon qui lui faifoit défirer à lui-même de fe donner un Succeffeur. Il offrit fa démiffion à M. l'Archevêque qui la refufa : cependant, pour conferver un Miniftre fi utile, il falloit néceffairement lui ôter le fardeau qui le détruifoit. Deux Sujets étoient fur les rangs pour remplacer cet excellent Curé, c'étoit fon Neveu d'un côté, & de l'autre l'Abbé de Laroque ; tous les deux étoient bien dignes de ce pofte, mais chacun d'eux s'en croyoit indigne, & chacun refpectoit infiniment le mérite de l'autre. Ils s'exhortoient réciproquement à fe charger du fardeau, & ils fe promettoient auffi l'un à l'autre tous les fervices qu'ils pourroient fe rendre. Enfin, dans ce combat fi édifiant & fi rare, l'Abbé Sentex, neveu du Curé, lors actuel, fut comme forcé de fuccéder à fon Oncle. Avoir nommé l'Abbé Sentex, c'eft avoir fait fon éloge. Il eft mort depuis dans fa Cure en odeur de fainteté, après y avoir vécu en grand Pafteur & en véritable Saint.

Quant à l'Abbé de Laroque, Dieu le deftinoit à autre chofe ; & il eft certain que fon zèle fe feroit trouvé trop à l'étroit, s'il eût été refferré dans les bornes d'une Paroiffe.

Il étoit dans les desseins de la Providence qu'il fût l'ame d'un bien plus étendu, la ressource d'une infinité de malheureux, le guide d'un grand nombre de Communautés Religieuses, le conseil d'un grand nombre de Prêtres, en un mot, qu'il entrât en part du gouvernement d'un vaste Diocèse. Cependant il n'oublia point les promesses qu'il avoit faites à son intime ami le Curé de la Métropole. Il confessoit, il voyoit les Malades la nuit comme le jour, au besoin il leur administroit les Sacremens ; & un Vicaire-Général, loin de rougir, se faisoit un honneur de remplir les fonctions d'un simple Vicaire. Ce bien déjà grand par lui-même, il l'assaisonnoit d'abondantes aumônes qu'il remettoit au Curé, ou qu'il faisoit lui-même, payant ainsi, si nous osons le dire, & de sa personne, & de ses revenus.

En remplissant les fonctions du Ministère, il s'étoit aperçu d'une dissonance fâcheuse qui se trouve quelquefois entre les décisions différentes de différens Confesseurs, & d'où résulte malheureusement une infinité de maux. Ces variantes en effet sont un moyen dont le Démon abuse pour perdre ces Pénitens de mauvaise foi, qui courent aux Confeſſeurs avec qui ils eſpèrent d'en être plutôt quittes, & à moins de fraix pour les ſacrifices à faire.

L'Abbé de Laroque crut pouvoir remédier à cet inconvénient, & il l'entreprît ; & autant qu'il eſt poſſible, il réuſſit dans ſon entrepriſe. Nous diſons, autant qu'il eſt poſſible, parce qu'il n'eſt pas poſſible en fait de Morale, que tous les Docteurs & tous les Confeſſeurs, même avec les mêmes principes, voient d'une manière tout-à-fait la même. Comme chacun a ſon moule pour la compoſition, chacun a ſon tact & ſa teinte pour la Morale, & les réſultats de toute néceſſité doivent être différens. Mais enfin, il eſt un moyen d'éviter les différences énormes dans ces réſultats, & c'eſt celui que prit l'Abbé de Laroque.

Il trouvoit à Auch des Prêtres ſelon le cœur de Dieu & pleins de zèle. Ils étoient les compagnons de ſes travaux, & les émules de ſa charité. Il leur propoſa de s'aſſembler certains jours de la ſemaine, pour ſe communiquer leurs lumières, & pour s'animer réciproquement au bien. Le projet fut goûté, & ces ſaintes Aſſemblées devinrent bientôt l'image vivante de celles des Vincens : on y prioit, on y difcutoit les matières les plus épineufes de la Morale, on y décidoit les cas de confcience, on adoptoit & les mêmes règles, & la même application dans les mêmes circonftances, & de là réfultoit une conduite uniforme dans le Tribunal ; moyen excellent, on le répète, pour tarir la fource des abus dont nous parlions un peu plus haut, & qui font plus funeftes à la fois & plus étendus qu'on ne penfe. Auffi les Sacremens furent-ils plus, & plus faintement fréquentés, la Religion fut mieux connue, & la piété refleurit.

Sous quelque afpect qu'elle fe préfentât à lui, elle lui étoit toujours précieufe. Un jour qu'il venoit de donner la Bénédiction dans la Chapelle de MM. les Pénitens - Blancs, il fut très-inftamment prié de fe faire agréger à cette Compagnie. Sans fonger aux plaifanteries qu'on pourroit lui faire, il y vit un bien, & il le fit.

Ce fut bientôt une nouvelle de Ville, & on ne manqua pas d'en rire & de l'en blâmer. Mais bientôt on vit que ce qui paroît mince en fait de dévotion, peut devenir &

dévient souvent dans les mains de Dieu, un grand sujet d'édification ; & nous ne voyons pas qu'une raison fière ait beaucoup contribué à étendre l'empire de la piété, elle est bien plus propre à la dessécher & à la détruire.

La Compagnie de MM. les Pénitens-Blancs étoit dans l'usage d'aller à Garaison, Chapelle dédiée à Marie dans le Diocèse, Chapelle dont le nom seul inspire la piété. L'Abbé de Laroque fut prié de l'y conduire : après en avoir demandé l'agrément à M. l'Archevêque, il répondit qu'il n'étoit pas éloigné de cette bonne œuvre, mais que pour être telle, elle devoit contribuer au bien de chaque Pénitent en particulier, & à l'édification générale ; qu'il n'y avoit qu'un grand esprit de piété, & une grande décence dans le voyage, séjour & retour, qui pût mener à ce terme, & qu'il ne doutoit pas que chacun des pieux Pélerins ne se préparât, de son mieux, à s'approcher avec fruit des Sacremens. On convint de tout, on promit tout ; & comme nous allons voir, on exécuta tout.

Le jour pris, les Pénitens partent, ayant à leur tête l'Abbé de Laroque, la modestie marche

che avec lui. Un chant grave & touchant commence, & n'est guères interrompu que par la lecture qu'on fait de distance en distance, & qui prépare la méditation. On entre dans les Églises qu'on rencontre sur la route ; & dans le recueillement & la componction, on y adore le Dieu vivant en esprit & en vérité. Les voitures qu'on avoit amené en faveur des foibles, deviennent inutiles. Tous veulent suivre le saint Conducteur, dont la foiblesse, quoique extrême, refuse tout soulagement, & bon nombre marchent nu-pieds : le séjour & le retour ajoutent encore à cette édification.

Il est d'usage que les Pénitens restés dans la Ville, des différentes Compagnies, vont à une demi-lieue au-devant de leurs Confrères. Jamais le spectacle de cette rencontre n'avoit été si touchant, tous les témoins versoient des larmes. Le bruit s'en répandit bientôt dans la Ville, les maisons se vidèrent, les rues, les places, les Églises se remplirent pour voir des Pénitens sous le sac comme ceux de la primitive Église, & pénétrés des mêmes sentimens. Pour soutenir & pour accroître le bien qu'il avoit déjà fait dans la Compagnie des Pénitens où il étoit entré,

il les assembloit une fois tous les mois, &
il leur retraçoit leurs devoirs & les nouveaux
engagemens qu'ils venoient de prendre, en
Confrère charitable, & en Ministre rempli
de l'Esprit de Dieu. Le bien se faisoit, les
familles entières s'en ressentoient, & la ferveur alloit croissant de jour en jour. Voilà
le fruit de la réception de l'Abbé de Laroque, décriée par quelques faux Sages, comme
une minutie & une puérilité.

Les gens de bien en avoient mieux jugé,
& ils furent ravis de trouver en lui un Prêtre inaccessible au respect humain, un zèle
au-dessus de la critique, & un courage au-
dessus des fatigues. On disoit tout haut qu'il
étoit capable de tout bien, & qu'on pouvoit espérer, si Dieu envoyoit une calamité
publique, de trouver en lui un autre Borrhomée ; qu'il méprisoit assez le jugement des
hommes, & qu'il avoit assez de charité pour
renouveler au besoin le spectacle touchant
d'une Procession faite nu-pieds & la corde
au cou. Ils n'étoient en peine que de sa santé
délicate, qui sembloit devoir succomber sous
le poids du zèle ardent qui l'animoit.

Il ne se faisoit plus aucun bien dont il
ne fut l'ame, & toutes les bonnes œuvres

venoient, si nous osons le dire, se recommander à lui ; or la plupart des bonnes œuvres, on le sait, ne se font qu'avec de l'argent. L'Abbé de Laroque en avoit à peine
pour les Établissemens déjà faits, & les aumônes journalières indispensables. La Providence
lui ménagea le moyen d'en avoir. Il fut fait
Archidiacre de Sos : cet Archidiaconé en effet, qui est une dignité de la Métropole, est
d'un assez gros revenu ; & notre Archidiacre ne connoissoit d'autre usage des Biens
Ecclésiastiques, que celui que prescrit & consacre la charité. Il ne vit dans ce Bénéfice
qu'une obligation & un moyen de plus de
faire le bien. Il redoutoit si fort les vues humaines, que dans le plan de vie qu'il se
fit alors, il crut devoir se prémunir contre
elles, c'est-à-dire, qu'en se rappelant les meilleurs principes sur cette matière délicate, il
voulut étouffer une voix plus dangereuse dans
une position opulente.

« Les Biens Ecclésiastiques, dit-il, sont des
» biens consacrés à Dieu pour entretenir ses
» Ministres en toute simplicité, & pour servir
» aux bonnes œuvres, n'étant pas raisonna-
» ble, pas même possible de se persuader
» que ceux qui ont donné leurs biens à l'É-

» glife, ayent voulu les confacrer au luxe &
» à la vanité. Les divertir à d'autres ufages,
» c'eft donc les profaner, & fe rendre cou-
» pable d'injuftice à l'égard de Dieu, de l'É-
» glife & des Fondateurs ». En conféquence
il prit devant Dieu la réfolution de n'écouter jamais la voix de la follicitation, ni celle
de l'exemple. Il pefa enfuite, & toujours devant Dieu, les raifons qui pourroient fe pré-
fenter de faire quelques libéralités, & il les
circonfcrivit dans des bornes étroites, à moins
que la charité ne vint les étendre en fe mêlant avec les convenances.

Pour lui, il ne changea rien à fa manière
d'exifter. Très en état de monter une maifon,
& preffé de le faire, il n'en demeura pas
moins au Séminaire qu'auparavant. Il ne fe
donna ni voiture, ni chevaux, il n'eût qu'un
feul Domeftique, & à peine le linge néceffaire, de la toile la plus commune. Son motif étoit fi fublime, & fi loin d'une éco-
nomie avare, que nous ne craindrons pas
de rapporter un trait qui, n'étoit la fainteté
de fes vues, feroit extrême. Il fit mettre des
manches neuves à une vieille foutane ; &
comme il n'y regardoit pas de fi près, il
ne s'aperçut pas d'abord que les deux étof-

ſes ne s'aſſortiſſoient, ni pour la qualité, ni pour la nuance des couleurs; ce n'eſt qu'au retour de l'Égliſe que M. ſon Père lui fit apercevoir, en lui demandant s'il vouloit donc ſe faire Capucin. Il avoit encore cette même ſoutane, lorſque M. l'Évêque de Dijon, depuis Archevêque d'Auch, vint au Séminaire le prier de l'accompagner à l'Intendance. Il y alla ſans nouvelle toilette : « J'avois bien » un peu de peine, nous diſoit-il, en nous » comptant agréablement cette aventure, & » mon petit amour propre crioit un peu; mais » j'allai mon train, & je finis par me moc- » quer de moi & de ma vanité ».

Ainſi ſes revenus, loin d'être ébréchés par un luxe choquant, ne ſervoient pas même à un entretien qui auroit pu être beaucoup plus cher, ſans ceſſer d'être religieux. Ils tournèrent tout entiers au profit des pauvres & des œuvres pies ; & l'uſage des Biens Eccléſiaſtiques fut chez lui auſſi ſacré que les biens eux-mêmes.

L'Archidiaconé de Sos s'étend à des lieux où l'inclémence de l'air & le manque de bonnes eaux ne permettent guères aux étrangers de s'acclimater, d'où réſultent deux grands inconvéniens, la rareté des Prêtres, & le défaut d'inſtruction. Pour y remédier, le nouvel Archidiacre réſolut d'avoir toujours ſur ſon compte, & de faire élever à ſes frais quelqu'enfant du Pays pour le préparer aux Ordres, & d'y faire donner de fréquentes Miſſions. La première réſolution fut exécutée ſur le champ ; la ſeconde ne put l'être que trois ans après, parce que les fonds néceſſaires lui manquèrent ; & ils lui manquèrent, parce qu'il ne ſavoit rien refuſer au beſoin qu'il avoit ſans ceſſe ſous les yeux.

Ce plan de vie dont nous venons de parler, ne régloit pas ſeulement l'emploi de ſes revenus ; il régloit auſſi l'emploi de ſon temps, & la manière dont il vouloit déſormais vivre avec le monde & avec ſa propre famille. Son temps devant être partagé entre la prière, les affaires du Diocèſe, le Miniſtère & l'étude, il ne vouloit faire de viſites que celles qui ſeroient indiſpenſables ; il ne vouloit entretenir des liaiſons, que celles qui pourroient aboutir au bien. Nous l'avons vu fidelle à ces réſolutions, au point que certaines perſonnes, qui ſans doute ne connoiſſoient pas la pureté de ſes motifs, en murmuroient preſque comme ſi c'eût été de ſa part indifférence ou mépris. Quant à ſes parens, la Religion & le cœur

lui prescrivoient ces mêmes devoirs, le respect
& l'amour : mais il craignoit toujours que
l'affection naturelle, qui en effet peut être
excessive, surtout dans les ames honnêtes, ne
le menât trop loin, & n'affoiblît en lui l'esprit
de Dieu. Il passoit nécessairement cinq ou six
fois par jour tout au moins, devant la maison
paternelle : il commença par bien examiner
devant Dieu, à quel point la nature & la grâce
peuvent s'accorder en cette matière ; & puis
il l'écrivit, pour s'en mieux souvenir. « J'y
» entrerai assez souvent ; mais je m'y arrêterai
» peu, & rarement j'y mangerai. » Nous pouvons mesurer le mérite de ces sacrifices, parce
que nous savons combien ils coûtoient à sa
belle ame. Nous lui en parlions un jour, &
il nous fit une réponse digne de servir de modèle à tous les Ecclésiastiques. « Je m'arme
» contre moi-même, & j'ai sans cesse dans
» l'esprit la réponse de Jesus-Christ à ses Pa-
» rens, qui se plaignoient, après l'avoir long-
» temps cherché, & trouvé enfin dans le
» Temple : Ne savez-vous pas que je dois
» m'occuper des affaires de mon Père ? »

Il en étoit très-jaloux ; & tout ce qui pouvoit les avancer, il le saisissoit avec une ardeur
incroyable, quelque pénible & quelque dé-
G iv

goûtant qu'il pût être. On pouvoit l'appeler
de la Campagne comme de la Ville, de loin
comme de près, de nuit comme de jour; &
au lieu de se plaindre, il entroit dans les maisons avec un air riant qui donnoit une entière
liberté de l'appeler. Il auroit craint d'intimider
les parens des malades, & de resserrer l'ame
des malades eux-mêmes, en témoignant la
moindre peine, ou le moindre mécontentement. « C'est bien dans ces occasions, disoit-il,
» qu'il faut faire voir le plaisir qu'on a d'être
» utile; & jamais un air de mauvaise humeur,
» ou des reproches, ne seroient aussi nuisibles,
» ni aussi déplacés. » Qu'il fût, ou qu'il ne fût
pas le Confesseur ordinaire du malade, il alloit
également, bien persuadé que c'étoit un ordre
de Providence qu'on s'adressât à lui, ou pour
le bien du malade lui-même, ou pour son
bien propre. Il alloit même voir les malades
qui ne le demandoient pas, s'il entrevoyoit seulement que sa visite leur seroit agréable ou utile.

C'est au milieu de ces occupations conti-
nuelles & fatigantes, que Dieu lui envoya un
accident fort approchant de la paralysie, s'il
n'étoit pas la paralysie elle-même; & il lui
falloit bien cette ressemblance de plus avec
son modèle, St. François de Sales.

Cette maladie , toujours redoutable par ses suites, quelque légères qu'en paroissent d'abord les atteintes , répandit une alarme générale dans la Ville & dans le Diocèse ; sa Famille étoit dans la désolation , & tous les gens de bien dans une inquiétude qui en approchoit. On craignoit de voir périr avec lui les grands biens que l'on en espéroit. On fit par-tout des vœux & des prières. Au sein de cette alarme universelle , il conservoit lui seul la tranquillité , point affecté de son état présent , nullement inquiet sur les suites : « En tout , » disoit-il , le bon plaisir de Dieu. »

Son accident lui avoit tourné la bouche , & à peine s'en étoit-il aperçu ; il auroit même continué sa vie pénible , si on ne l'avoit forcé d'user de régime, & de recourir aux remèdes : on exigea aussi qu'il les fît dans la maison paternelle ; & on sent quels furent les tendres soins de sa Mère , & de toute une famille qui désiroit avec une sorte de passion de le conserver. Il fit tout ce qu'on voulut ; la volonté de ses Parens & de ses Médecins, étoit pour lui la volonté de Dieu même. Une seule chose l'occupoit le jour de son accident : il avoit sur sa chair un instrument de pénitence dont il n'avoit pu se défaire , & qui l'embarrassoit , par la crainte d'être découvert. Auſſitôt qu'il fut libre avec un Ami reſté ſeul avec lui, il lui confia ce dépôt, que, ſans cette néceſſité, il auroit ignoré comme tous les autres. « J'aurois » acquis, lui dit-il gaiement, à trop peu de » frais la réputation d'homme pénitent; & » d'ailleurs, la réputation d'homme auſtère » ne vaut rien pour un Directeur. »

Dans les premiers momens de ſon accident, on n'étoit occupé que du danger qui menaçoit une tête ſi chère; mais d'abord qu'on fut moins alarmé, on chercha la cauſe de ſon mal, & on ne manqua pas de la trouver dans ſon zèle exceſſif. Il faut convenir que l'idée s'en préſentoit d'elle-même; & le jour de ſon accident, il n'avoit pas peu contribué à la confirmer. Il étoit allé à pied, & à une aſſez grande diſtance de la Ville, voir un malade, par un jour très-chaud; il avoit long-temps demeuré dans une chambre où il y avoit nuit & jour un grand feu, & où l'air très-imprégné de fétidité, ne ſe renouveloit jamais. Il n'en falloit pas tant à ſa famille pour s'oppoſer au zèle du Malade, & pour lui interdire déſormais tout travail; & ce fut l'arrêt qu'on lui prononça. C'eût été bien pire, ſi on avoit ſu qu'il avoit fait cette viſite, par elle-même excédante, ayant fur fon corps un rude inftrument de pénitence, & que fouvent il portoit au Confeffionnal ce même inftrument, ou un autre pareil.

L'Abbé de Laroque, bien peiné de l'arrêt des fiens, n'en témoigna rien alors ; c'étoit un moment où les repréfentations auroient été fans effet : il mit fa confiance dans le Seigneur, & il efpéra qu'il pourroit un jour le faire révoquer.

Cependant il partit pour Barèges, où fes Médecins l'envoyèrent. Il y fit ponctuellement les remèdes ordonnés ; mais il n'eut rien de cette inquiétude ordinaire au défir de recouvrer la fanté. Il auroit voulu manger maigre, mais il aima mieux renoncer à fa volonté en mangeant gras : il vouloit d'ailleurs n'avoir rien à fe reprocher, quel que fût le fuccès des remèdes. Ils furent d'abord un peu lents, & le Malade n'en fut pas moins tranquille. « Je » ne fais, écrivoit-il à un Ami, je ne fais trop » que vous dire de moi. Je prends tous les » jours quelques verres d'eau, un bain ; & » dans l'efpace d'une demi-heure trois dou- » ches, une à la nuque du cou, une autre fur » la tempe gauche, & une troifième au genou. » Les Médecins difent que ma bouche va

» mieux ; mais je vous avoue franchement
» que je ne m'en aperçois pas. Selon les ap-
» parences je serai ici fort long-temps ; & mes
» Médecins disent qu'ils ne seroient pas éton-
» nés qu'il m'y fallût passer toute la saison. »
Ainsi demeuroit-il en paix dans la main des
Médecins, & s'en remettoit-il à eux du soin
de sa santé.

Pour son régime intérieur, il en conservoit
tout ce qui pouvoit s'allier avec les remèdes.
Bréviaire, Oraison, Messe, examen particulier,
lectures spirituelles, Chapelet, présence de
Dieu, tout alloit à Barèges comme à Auch.
Sa récréation étoit une partie de Trictrac chez
M. l'Évêque de . . . qui étoit alors à Barèges ;
& cette partie, de la perte au gain, n'étoit
que de trois sous. Plus souvent sa récréation
étoit la promenade, dont la fin étoit toujours
un bain. En compagnie, c'étoit des conversations édifiantes ; s'il étoit seul, il alloit sur
les montagnes, dans des chaumières, consoler
les malades, secourir les pauvres, catéchiser
les enfans, inspirer à tous l'amour de Dieu
& le goût de la piété. Ces bonnes gens l'écoutoient avec plaisir, & lui donnoient mille bénédictions. Combien devoit être édifiante une
conduite si sacerdotale, dans un lieu où trop

souvent, hélas ! on n'eſt altéré que par trop d'amour pour une ſanté peu délabrée ; où la diſſipation ſemble une néceſſité, & où les ſociétés ou le jeu prennent & abſorbent tout l'intervalle des remèdes !

Cette vie pourtant ne contentoit pas la piété de notre Malade : il craignoit de trop accorder à ſon corps. « Le corps va très-bien, diſoit-il » dans la Lettre que nous venons de citer ; » beaucoup de ſommeil, très-bon appétit ; » mais je ne puis en dire autant de l'ame : » en vérité, elle va mal ; & il me ſemble » que je deviens tout-à-fait immortifié. J'ai » bon beſoin de revenir à mes petits exercices, » & de recourir à Notre-Dame de Roſes, pour » y reprendre un peu de vigueur. » Roſes eſt une Égliſe près de Jegun, appartenante aux RR. PP. Récolets, chez qui il avoit fait une Retraite.

Pour ſe mieux prémunir contre le danger inſéparable d'un lieu où tout inſpire la diſſi-pation, notre vénérable Prêtre pria une per-ſonne de confiance de veiller ſur lui, & de l'avertir de ſes fautes. Elle n'eut pas une grande tâche à remplir ; elle n'aperçut qu'une ſeule faute, ou plutôt l'apparence. La voici : L'Abbé de Laroque écrivoit, & il commençoit ſa

Lettre par une petite raillerie ſur une manière de parler, familière à la perſonne à qui il écrivoit : ce n'étoit qu'une miſère ; & nous ſavons à n'en pas douter, que la raillerie auroit été bien priſe, & auroit même produit un bon effet ; cependant le Moniteur trouva ce début trop peu grave pour un Grand-Vicaire, & la Lettre fut ſupprimée avec actions de grâces.

Autant les ſoins qu'il donnoit, quoique forcément, à ſon corps, le peinoient, autant étoit-il bien-aiſe de ce qui pouvoit être pour lui une occaſion de ſouffrance. « Il y a quel- » ques jours, écrivoit-il, qu'un de mes Mé- » decins raiſonnant ſur la cauſe de mon mal, » me dit à la fin : Nous pourrions bien vous » appliquer . . . une petite Croix de bois. » Comme je ne ſuis pas ſi mortifié que vous, » je vous confeſſe ingénument que lorſque » j'entendis le mot d'application, j'eus un » peu de frayeur ; mais lorſqu'on m'eut dit » que c'étoit une Croix de bois, je fus couvert » de honte de ma frayeur. Je ne ſai pas ſi l'on » m'accordera cette faveur que l'on m'an- » nonce, & ſi je ſerai aſſez heureux pour » porter la Croix de Jeſus - Chriſt ſur mon » corps. La ſainte Mère de Chantal portoit le

» nom de Jesus gravé sur son cœur ; St. Fran-
» çois d'Assise avoit sur lui les Stigmates de
» Jesus crucifié ; & moi, misérable que je
» suis, voudroit - on m'accorder une faveur
» semblable ! Si j'ai le bonheur qu'on m'an-
» nonce, ma ressemblance sera plus marquée
» avec mon Jesus ; mais je crains bien de n'en
» être pas digne. Il me semble que je porterai
» sur moi le gage de mon bonheur. » A ces
mots la peur le saisit : il craint d'avoir trop
montré de saintes dispositions; & il ajoute :
« Il me semble que j'en dis trop, pardonnez-
» moi cette digression, je ne le confie qu'à
» vous ; & je ne vous pardonnerois pas, si
» vous le disiez ; n'en parlez pas. »

Pendant que l'Abbé de Laroque étoit à Barèges, une Famille respectable du Diocése
étoit à Saint-Sauveur. Il la vit; & comme les
Saints se connoissent & se lient d'abord, il
alloit volontiers l'édifier, & s'édifier lui-même
avec elle. Il fut instamment prié d'aller passer
quelque temps à V..., où cette respectable
Famille se retiroit. Il se rendit, & il accorda
trois semaines. On ne se proposoit pas de l'engager au travail ; on n'avoit en vue que le
saint plaisir de l'avoir & de converser avec
lui ; & l'on espéroit aussi que d'honnêtes dé-

lassemens feroient une utile diversion à son mal & à ses remèdes: mais il sut mettre à profit tout ce temps pour la gloire de Dieu. Il étoit charmé d'être dans un Château, digne par une tendre & solide piété, ainsi que par les manières les plus honnêtes & les plus sincères, de la réputation dont il jouit. Il n'étoit pas moins charmé d'un spectacle que lui donnoit tous les jours une Paroisse édifiante ; & il ne voulut absolument pas se retirer sans avoir arrosé ce bon champ de ses sueurs. A dix lieues de distance d'Auch, de sa Famille & de ses Médecins, il étoit plus maître de lui-même : il voulut essayer ses forces renaissantes ; & la Providence ne permit pas qu'il en mésarrivât. Il est vrai qu'il ne faisoit pas tout ce que son zèle lui auroit inspiré de faire : le Curé régloit son travail ; & il obéissoit à ce Curé, comme si c'eût été son Supérieur. Le jour de l'Assomption, l'Abbé de Laroque avoit assisté à Vêpres, & il avoit le plus grand désir de le faire encore à la Procession ; mais la chaleur étoit si vive, que le Curé crut devoir s'y opposer. Je ne me pardonnerois pas, lui dit-il, d'avoir renouvelé ou aigri votre mal. Je vous prie de quitter votre Surplis, d'aller changer de linge. Je vais moi faire la Procession. — Au

nom de Dieu, laissez-la-moi faire ; je vous
assure que cela me sera grand bien, & point
de mal. — Je ne puis pas y consentir, je me
regarde comme chargé de veiller à votre
conservation. L'Abbé de Laroque quitte son
Surplis, & se retire. Mais le Curé, attendri
de cette admirable docilité, & craignant de
plus nuire à l'Abbé de Laroque en lui refusant
cette satisfaction, le rappelle, & le livre pour
cette fois à la pente de sa piété. Dieu présidoit
à cette œuvre ; elle fut édifiante, & l'Abbé de
Laroque n'en fut que plus fort.

Il partit, à quelques jours de-là, pour retourner à Barèges, laissant la Paroisse de V...
embaumée de ses vertus. Il continua peu de
temps ses remèdes, qu'il lui tardoit fort de
finir, & il alla reprendre toutes ses œuvres.

Sa paralysie avoit laissé peu de traces. Son
retour & celui de sa santé essuya les larmes
de sa Famille, & fut pour toute la Ville un
sujet de joie.

Ses œuvres naissantes, qui commençoient à
se ressentir de son absence, & qu'on craignoit
de voir mourir avec le Fondateur, prirent une
nouvelle existence, & l'espérance d'un plus
grand bien sembla renaître & revenir avec lui.

En parlant beaucoup à Dieu dans la prière,

en repréfentant à fes parens que Dieu ne lui avoit pas rendu la fanté pour la confacrer à un indigne repos, & que le travail auquel il s'étoit livré à V... lui avoit fait du bien, & non du mal, il furmonta l'obftacle qui s'oppofoit à fon zèle, & il fe livra comme auparavant, & plus qu'auparavant, à toutes les fonctions du Miniftère, & à toutes les œuvres qui s'offroient.

L'illuftre Prélat qui en avoit fait fon Grand-Vicaire, qui le voyoit trayailler fous fes yeux, & qui étoit par-là bien à portée de connoître & d'apprécier fon mérite, conçut le deffein de l'élever à un plus haut rang. Toutes les dignités au-deffous de l'Épifcopat lui fembloient au-deffous de l'Abbé de Laroque; & il étoit bien perfuadé que le laiffer dans une place fubalterne, c'étoit laiffer fous le boiffeau une lumière capable d'éclairer un Diocèfe.

Dans cette vue, en rendant compte au Miniftre de la feuille du mérite éminent de tous fes Vicaires Généraux, il lui parla de l'Abbé de Laroque én ces termes : « Il eft homme » de condition, Docteur de Sorbonne, Cha- » noine & Archidiacre de mon Églife ; il a » affez de talent pour la Chaire : il eft chari- » table & généreux ; il donne tout aux pau-

» vres , & ne se laisse rien : il se livre avec le
» plus grand zèle à toute sorte de bonnes
» œuvres : c'est la plus belle ame qui se puisse ;
» il a la figure d'un Saint. Il est dans la plus
» grande vénération dans la Ville & dans tout
» le Diocèse. Il sera vraisemblablement dé-
» puté du second Ordre à quelque Assemblée
» générale. Il est suffisamment pourvu ; si on
» vouloit même lui donner quelque chose de
» plus , il ne le prendroit pas , puisqu'il s'est
» défait , par principe & délicatesse de cons-
» cience, de deux Bénéfices simples de quatre
» ou cinq cents livres de revenu chacun. Si
» vous êtes embarrassé , Monseigneur, de trou-
» ver un saint Homme zélé , pour en faire un
» Évêque, vous serez assuré de le trouver dans
» l'Abbé de Laroque. »

Tout le Diocèse verra dans cette Lettre ,
non-seulement les caractères de la vérité, mais
encore le tact sûr & délicat de M. de Montillet.
Quoique l'Abbé de Laroque ait vécu dix ou
douze ans depuis l'époque de cette Lettre ,
on pourroit encore la donner pour l'abrégé de
sa vie. Elle est tout à la fois l'éloge du Prélat
qui l'écrit , & du Prêtre en faveur de qui elle
est écrite. On y aura remarqué encore les principes de l'Abbé de Laroque sur la pluralité des

Bénéfices. Que pouvoit-il faire de plus pour la condamner, que d'abdiquer ceux qu'il avoit déjà, lorsqu'il lui en arriva un qui lui suffisoit seul ? S'il garda le Canonicat & l'Archidiaconé, c'est que par l'union canonique qui a été faite des dignités aux Canonicats de cette Eglise, ils ne pouvoient plus être regardés que comme un seul & même Bénéfice. Cette Vie ramenera les mêmes principes ailleurs, & nous y renvoyons nos réflexions.

L'Abbé de Laroque avoit totalement oublié sa paralysie, & il étoit peu touché des représentations qu'on lui faisoit, pour l'engager à se ménager. Il écouta sans aucune distinction, toutes les personnes qui voulurent s'adresser à lui, ou pour la direction, ou pour affaires ; en sorte que ses occupations croissant de jour en jour, ne lui laissoient plus un seul moment de répit. Ses visites à sa Famille devenoient plus courtes à la fois & plus rares. A peine lui restoit-il le temps de manger.

Tous les besoins de l'ame, tous les besoins du corps, avoient un droit irrésistible acquis sur ses bontés. Il s'affligeoit avec les personnes affligées, & il les consoloit ; il compatissoit aux nécessiteux, & il les soulageoit. On pouvoit dire de lui, sans exagération, qu'il étoit le pied du boîteux, l'œil de l'aveugle, l'appui de l'orphelin, & la bourse du pauvre. Il rioit de bon cœur quand il étoit sans argent; ce n'étoit une peine pour lui, que lorsqu'il se présentoit un besoin; & alors même il prenoit quelque moyen d'y pourvoir, ou par des billets, ou par des *bons*. Si on lui représentoit la détresse où il se mettoit, il répondoit gaiement, qu'un Chanoine & un Archidiacre n'est jamais sans ressource. Une fourbe indigence abusa quelquefois de sa charité, jusque dans le Tribunal de la Pénitence. Il le sut, & il ne crut pas devoir rien retrancher pour cela, ni de la facilité qu'il y avoit à l'aborder, ni de l'abondance de ses aumônes. Un jour qu'on parloit devant lui de la ruse frauduleuse de certains pauvres, & de la nécessité de connoître les gens, avant que de leur donner, nous entendimes de sa bouche cette parole remarquable : « Malheur à celui qui n'est jamais trompé en fait de charité ! » Et il avoit bien raison, parce que c'est une preuve que la charité est courte, & qu'on n'est guère dans l'usage de donner. Hélas! il est bien plus ordinaire de mettre trop de prudence, que de n'en pas mettre assez, en fait de charité !

Cependant le temps arrivoit où la prédiction

de M. de Montillet devoit être accomplie. L'Abbé de Laroque fut député à l'Assemblée générale du Clergé de France, & il dut sa députation moins à la recommandation de son Prélat, qu'à son propre mérite, qui avoit pénétré chez tous les Évêques de la Province.

Son premier soin, avant son départ pour Paris, fut de régler devant Dieu la manière dont il y vivroit. Il choisit pour sa demeure une Communauté, & il vécut à Paris dans la même simplicité qu'à Auch, pas plus recherché dans sa parure, pas mieux nourri, pas mieux vêtu. Il n'avoit à Auch qu'une montre de cuivre ; il n'eut à Paris que cette même montre de cuivre avec un cordon à l'avenant ; & il ne rougissoit pas de la tirer au besoin.

Le temps qui n'étoit pas pris pour l'objet de sa députation, il le consacroit aux bonnes œuvres. Il se chargea avec plaisir du Catéchisme qu'on fait dans le Cloître même des Augustins, aux gens de Nosseigneurs les Prélats. Sa manière d'assister à la Messe étoit si frappante, qu'au milieu de tout un Clergé, recommandable par sa modestie, il fut remarqué.

Les seules emplettes qu'il se permit, furent réglées par la piété. Point de meubles, point

de bijoux ; ce n'étoit que des Livres de spiritualité , des Images dévotes , des Croix , &c.
Il n'acheta pour lui-même qu'un tableau de
Ste. Geneviève passablement orné , & un réveil pour régler invariablement son lever.

La vie simple qu'il mena à Paris, ne l'empêcha pas de remplir exactement toutes les
bienséances ; elles entroient dans l'ordre de
Dieu , & dès-lors dans le plan qu'il s'étoit
tracé.

Il eut l'honneur d'être présenté à Madame
Louise , & il en fut reçu d'une manière qui
annonçoit le cas qu'elle faisoit de ses lumières
& de sa piété. Il y a lieu de croire que c'est
d'après cet entretien, que cette illustre Fille de
Ste. Therèse se fit de notre Député une idée
assez avantageuse , pour le croire propre à être
Visiteur des Carmélites de France : il y a lieu
de croire que c'est dans cette source qu'ont
été puisées les instances réitérées qu'on lui fit
depuis pour accepter cet emploi , qui suppose
tant de mérite , & qui, comme on l'a déjà
remarqué , mène si droit aux honneurs &
aux biens de l'Église.

Il vit aussi M. le Cardinal de la Roche-Aimon,
Ministre de la Feuille. Son Éminence le reçut
avec une bonté toute particulière , & lui té-

moigna le désir de le pourvoir avantageuse-
ment. L'Abbé de Laroque frémit à ce mot,
autant qu'un autre se seroit réjoui. « Je suis
» affez pourvu, lui répondit-il auffitôt ; mon
» intention n'eft pas d'accepter de nouveaux
» Bénéfices ; & je prie votre Éminence de faire
» tomber vos bontés fur un autre Sujet que
» M. l'Archevêque d'Auch défire de placer. »

M. le Cardinal, qui n'étoit pas accoutumé
à de pareilles réponfes, admira la générofité
& le défintéreffement de notre Abbé ; & ne
voulant pas laiffer dans l'oubli tant de vertus,
il lui parla de manière à lui bien faire entendre
que fon intention étoit de lui procurer un
Évêché. L'humble Archidiacre remercia de
nouveau le Miniftre ; & après l'avoir inftamment prié de ne point penfer à lui, il ajouta :
« Votre Éminence me permettra-t-elle de lui
» dire que vous me parlez de manière à me
» faire redouter vos bontés ? »

L'Affemblée touchoit à fa fin, & le Député
étoit attendu à Auch avec la plus vive impatience ; cependant les droits de l'amitié l'em-
pêchèrent de prendre, pour y arriver, le chemin le plus court. Il voulut vifiter en paffant
cet intime Ami à qui fon ame tenoit, comme
celle de David à celle de Jonathas. Les liens
qui

qui uniſſoient ces deux Amis étoient ſi tendres, qu'ils confondoient, chacun de ſon côté, les intérêts de l'autre avec les ſiens propres. Cette viſite fut délicieuſe ; & comme leur amitié avoit pour baſe la charité, elle fut de plus toute ſainte. Ils ſe virent en Dieu & pour Dieu : leurs entretiens étoient auſſi édifians que leur joie étoit pure. Ils ſe communiquèrent leurs travaux & leurs projets ; & chacun d'eux trouva dans l'autre l'ami de Dieu comme le ſien. Ils ſe ſéparèrent comme les Apôtres avec le même regret & le même but.

Nous avons déjà obſervé que l'Abbé de Laroque s'étoit fait une douce loi de dire tous les jours la Meſſe, même dans ſes voyages, & il en trouvoit aſſez la facilité ſur ſa route. Dieu permit néanmoins qu'il trouvât, en revenant de chez ſon Ami, un lieu où on lui refuſa des Ornemens, à cauſe de ſon grand air de jeuneſſe. Il le ſouffrit, non-ſeulement ſans en murmurer & ſans s'en plaindre ; mais encore il conſerva toute ſa ſérénité & toute ſon honnêteté pour celui qui le refuſoit. Il pouvoit, en montrant ſes Lettres de Grand-Vicaire, & le titre honorable de ſa députation, faire ſuccéder les diſtinctions au refus ; mais il ne vouloit pas de diſtinction, & il aimoit mieux ne pas dire la Meſſe, quelque déſir qu'il en eût, que de riſquer ſeulement de manquer à l'humilité. Ce ſentiment étoit une trop bonne diſpoſition à la célébration des ſaints Myſtères, pour que Dieu ne levât pas l'obſtacle qui s'y oppoſoit. En ſortant de l'Égliſe, il fut rencontré par un Prêtre qui l'avoit autrefois connu, & qui lui fit donner les Ornemens qu'on lui avoit d'abord refuſé. Ainſi il eut la double conſolation & de ſatisfaire à ſa dévotion, & de ne s'être fait connoître que par ſa douceur, ſon humilité & ſa patience : ces petites anecdotes décèlent bien le fonds d'une ame toujours égale à elle-même, & une vertu bien affermie qui ne ſe dément jamais.

Son arrivée à Auch fut le ſignal d'une joie publique. Il étoit néceſſaire à quelques-uns, utile à beaucoup d'autres, agréable à tous. Son Archevêque, ſur-tout l'embraſſa avec une tendreſſe de père, il l'aimoit comme ſon fils, & il le vénéroit comme un Saint. Il voyoit en lui l'ami de tout bien, le modèle de ſes Prêtres, & l'image de St. François de Salles, qui étoit ſon Saint de prédilection. Il conçut alors le deſſein de ſe le donner pour Suffragant, & de lui faire aſſigner ſur les revenus de son Siége, de quoi en soutenir l'état ; mais il garda pour quelque temps ce projet *in pecto*.

L'Abbé de Laroque reprit ses anciennes occupations & en ajouta de nouvelles : il affit, autant qu'il put, les œuvres commencées, & il forma de nouveaux projets. Il alla les mûrir & les recommander à Dieu dans la retraite. C'étoit là que jusqu'alors il avoit concerté, pour ainsi dire, avec Dieu, toutes ses opérations ; & c'est là aussi, qu'après l'Assemblée du Clergé, il voulut concerter toutes celles qu'il projetoit. Il regarda toujours la retraite comme une source de lumières, comme l'ame de la vie spirituelle, comme un moyen sûr de discerner les esprits, d'affermir & de perfectionner sa vertu, & de réparer les pertes que fait, malgré elle, la piété même, dans le commerce du monde & la vie active.

On le vit successivement à Notre-Dame de Roses dont nous avons déjà parlé ; à Garaison ; chez les PP. Capucins ; à Auch, à la maison de campagne du Séminaire, pour y faire ses exercices spirituels ; & outre cela, il assistoit très-exactement aux Retraites qui se donnent à Auch tous les trois ans aux Ecclésiastiques du Diocèse. Nous ferons sûrement plaisir à

H ij

nos Lecteurs, en leur faisant part de l'esprit
qui l'animoit dans ces Retraites, au but qu'il
s'y proposoit, & de la méthode qu'il y sui-
voit.

En entrant en Retraite, il invoquoit l'Esprit saint, le Cœur de Jesus, la Ste. Vierge,
St. Joseph, St. Jean l'Évangéliste, St. Michel,
son bon Ange, St. François de Salles, Ste.
Thérèse, Ste Chantal. Sa fin étoit sa ré-
formation & sa perfection, & il ne négligeoit rien pour y arriver. Il donnoit chaque
jour quatre heures à l'oraison, il employoit
l'intervalle à des retours très-sérieux, très-
profonds & très-détaillés sur lui-même. A
l'aide de ces retours, il apercevoit en lui
jusqu'à l'ombre des plus petits défauts, jusqu'aux plus petites racines de ses manquemens; & il étoit d'autant plus soigneux de
les arracher, qu'il les regardoit comme ces
petits renards qui ravagent la belle Vigne de
l'Épouse.

« J'ai découvert, dit-il, dans le plan de
» réforme qu'il se fit à Garaison, j'ai décou-
» vert en moi beaucoup de légéretés qui me
» sont ordinaires dans ma manière de mar-
» cher, de parler, de regarder. J'ai trop
» de goût pour la musique & la promenade,

» trop de satisfaction à parler avec mes pa-
» rens , &c. &c. &c. ». Lorsqu'on se voit de
si près , & qu'on n'aperçoit que des fautes
de ce genre, c'est une bonne preuve qu'on
n'a ni vice , ni défaut capital à corriger ,
& c'étoit bien le cas de notre vénérable Abbé.
Mais pour me servir de ses termes, il vouloit tout extirper ; & pour en venir à bout,
il ne se contentoit pas de cet aperçu, il prenoit
des résolutions , & il s'imposoit des pratiques
relatives à son besoin.

« Je ferai , dit-il, tous les jours une heure
» d'Oraison, à moins d'un obstacle grave ;
» je ferai tous les jours l'examen particulier
» sur le vice ou la vertu, qu'il me sera plus
» essentiel de détruire ou d'acquérir : je dirai
» l'Office, & célébrerai les saints Mystères
» avec tout le recueillement & la piété qu'il
» me sera possible. Je me confesserai pour
» recevoir l'absolution au plus tard tous les
» seize jours. Je consacrerai tout le temps qui
» me restera après mes occupations, à la
» prière & à l'étude. Tous les jours je lirai
» quelque chapitre de l'Écriture-Sainte, &
» quelque chose de S. François de Salles &
» de Ste. Chantal. Je serai sobre dans mes
» repas.... Le fruit que je voudrois tirer de

» cette retraite, seroit de travailler continuel-
» lement à vivre de la vie de Jesus - Christ,
» & d'avoir toujours fous mes yeux fon ex-
» térieur grave, doux & modefte, & fon in-
» térieur recueilli. Je m'efforcerai d'eftimer
» les humiliations, les mépris, les fouffrances,
» & même de les aimer, & de me croire alors
» heureux. Je travaillerai auffi efficacement
» que je pourrai à réformer les légéretés que
» j'ai aperçu en moi, mon goût pour la
» mufique, ma trop grande pente pour mes
» parens, &c. &c. &c. Je me réglerai fur
» la fainte gravité de mon état : j'éviterai
» une trop grande familiarité avec les per-
» fonnes du fexe. Je tâcherai de pratiquer la
» mortification, 1º. en reprenant l'exercice
» de (la difcipline); 2º. en ne me chauffant
» pas autant que je voudrois, fur - tout quand
» ce feu m'empêchera de travailler, ou que
» j'empêcherai les autres de fe chauffer ; 3º. en
» m'exerçant à fouffrir impitoyablement les
» petites piqûres ; 4º. en m'exerçant à mor-
» tifier ma vue & mon ouie. Je me rendrai
» utiles les mortifications qui me viendront
» du dehors en y acquiefçant. Je tâcherai d'a-
» voir de l'exactitude dans mes affaires tem-
» porelles, dépenfe d'argent, meubles, vifi-

» tes , &c. Je me propose, en un mot, de
» tendre à ma perfection tout autrement que
» je n'ai fait jusqu'à présent, & de prendre
» Jesus-Christ pour mon modèle ».

Ces résolutions sont bien édifiantes sans
doute, & elles étoient comme le fruit naturel des grandes grâces auxquelles il avoit
toujours été fidelle , & de celles qu'il recevoit
plus abondamment encore dans ses Retraites.
Mais il s'en falloit de beaucoup qu'il y comp-
tât, & qu'il voulût s'exposer aux occasions d'y
manquer ; voici les moyens qu'il prenoit pour
les rendre durables : « Je prendrai garde de
» perdre le fruit de cette Retraite par la dis-
» sipation. Je me regarderai comme un vase
» de beaume qu'il ne faut ni ouvrir , ni trop
» secouer : je mettrai la main à l'œuvre en
» sortant de ce Lieu saint ; je ne manquerai pas
» d'offrir à Dieu les prémices de ma fidélité ,
» & de lui demander la persévérance. Je me
» persuaderai qu'en sortant de cette Retraite,
» je serai en spectacle à Dieu , aux Anges ,
» aux Hommes & au Démon : à Dieu, qui
» aura l'œil sur ma fidélité , pour la com-
» parer à mes promesses : aux Saints Anges ,
» qui se rejouiront ou qui seront contristés ,
» selon que je serai ou que je ne serai pas

» fidelle : aux Hommes , qui s'attendent à
» voir en moi un changement notable : au
» Démon , qui espérera de me faire perdre
» le fruit de cette Retraite comme de tant
» d'autres. Confirmez donc , mon Dieu , &
» affermissez en moi les sentimens que vous
» avez mis en moi. Mon Dieu , j'espère tout
» de vous , je suis plus foible que le plus vil
» des roseaux : j'ai toujours pris , jusqu'à pré-
» sent , des résolutions qui n'ont pas tenu ;
» mais pour celle-ci , j'espère de votre miséri-
» corde , & il me semble qu'elles tiendront ».

Toutes les Retraites qu'a fait l'Abbé de Laroque , depuis son arrivée à Auch , ont eu à
peu près les mêmes vues , les mêmes moyens :
il n'y avoit guère de différence, que dans le
degré de perfection auquel il s'élevoit , à mesure qu'il en faisoit , quoiqu'il ne cessât de se
plaindre , comme ont fait tous les Saints , du
peu de fruit qu'il en retiroit.

Dans ses Retraites, il s'associoit communément
des Prêtres édifians, ses Amis intimes. Quoique
supérieur, il se faisoit , à l'exemple de Jesus-
Christ , le plus petit d'entr'eux. Il balayoit la
Chapelle, il rangeoit les Aubes & les Ornemens ; il se faisoit un plaisir de leur épargner
toutes les peines & fatigues ; & si quelque chose

manquoit à table , il couroit vîte le quérir. Il
falloit , tant par respect pour l'esprit de grâce
qui opéroit en lui , que pour ne pas le contrister lui-même , lui laisser les emplois les plus
bas & les plus vils , que chacun des autres
auroit voulu prendre. Les récréations étoient
délicieuses , utiles & édifiantes. Son esprit de
mortification portoit sur tout , & s'étendoit
à tout , le repas , le sommeil , la promenade.
Un jour qu'il se promenoit avec ses Compagnons dans un lieu très-agréable , & qui ,
dans un lointain charmant , ne présentoit que
les fruits innocens de la belle nature , on
s'aperçut que sa vue ne se porta jamais à plus
de quinze pas.

La retraite qu'il fit chez les Pères Capucins
d'Auch , mérite que nous nous y arrêtions un
moment. Elle lui attira bien des railleries ;
& il lui fallut du courage pour s'enfermer dans
ce Couvent. Les Censeurs même de sa vie ,
s'ils vivoient encore , seroient édifiés du tableau fidelle que nous allons leur présenter ,
de la manière dont il se comporta dans cette
solitude , de l'esprit qui l'y avoit conduit ,
& du fruit qu'il en retira. Une cellule simple
& pauvre pour logement ; pour lit une couche
dure ; une nourriture de Capucin , dans un

temps de pénitence pour ces bons Religieux ;
sans feu dans une saison rude , surtout pour
lui ; un silence presque continuel , & l'assistance à l'Office de la nuit , qui duroit deux
heures. Il se livroit à la componction & aux
larmes, lorsqu'il entendoit ces bons Religieux
prendre la discipline trois fois par semaine ,
pendant sept minutes chaque fois. Il auroit
bien voulu se mêler avec eux pour cet exercice ; mais s'il ne le fit pas , ce fut pour être
plus cruel encore à lui - même : rentrant
dans sa cellule transi de froid , il y frappoit
jusqu'à l'effusion du sang sa chair innocente ,
qui ne connoissoit pas même la révolte. Il
sortit de cette Retraite comme des autres , &
plus encore que des autres , abymé en Dieu ,
& redoutable au démon , par la vertu de
l'Esprit qui étoit en lui. Il respiroit plus que
jamais ce feu sacré dont , à l'exemple de son
Maître , il auroit voulu embraser la terre.
C'est du riche trésor de ce cœur enflammé ,
qu'il tiroit ce qui pouvoit le plus toucher les
Pécheurs , & animer la piété des Justes.

Durant les Retraites ecclésiastiques d'Auch ,
& qu'il faisoit lui-même avec le Clergé du
Diocèse , on exigea de lui qu'il se prêtât au
besoin , & qu'il entendît en confession les

Prêtres qui voudroient s'adreſſer à lui. Il y ſentoit plus de répugnance qu'à pas un autre Miniſtère , parce qu'il le regardoit comme exigeant plus de lumières , & plus difficile à exercer. En effet , les ſuites en ſont toujours infiniment conſolantes , ou infiniment terribles. On peut dire que c'eſt le Miniſtère des Miniſtères. Auſſi un des plus ſavans Auteurs penſe-t-il qu'il faudroit , pour confeſſer les Prêtres , des pouvoirs particuliers ; & que cette diſcipline ſeroit bien plus intéreſſante encore , qne celle qui exige des pouvoirs exprès pour les Religieuſes. Mais malgré cette crainte l'Abbé de Laroque obéiſſoit , & les fruits de ſon Miniſtère étoient abondans. Il étoit véritablement l'homme de Dieu pour tous les hommes , & pour tous les états.

Les Miſſions qu'il donna pendant le Jubilé , en 1776 , les Retraites eccléſiaſtiques qu'il avoit déjà données , & qu'il donna depuis , tout étoit béni de Dieu d'une manière particulière. Il ne faiſoit guère , dans ces rencontres , que verſer ſur ſes Auditeurs les étincelles du feu intérieur qui le dévoroit. On l'écoutoit avec plaiſir & avec fruit , non pas parce qu'il parloit avec une éloquence affectée qu'il n'eut jamais , mais parce qu'il parloit en Saint. On

H vj

fentoit d'abord qu'il ne fe prêchoit pas lui-
même, & qu'il n'ambitionnoit pas les applau-
diffemens humains, qui font fouvent funeftes
à ceux qui les donnent, & toujours à ceux
qui les reçoivent, quand ils ont eu la vanité
de les défirer. Il parloit affez à l'efprit pour le
convaincre ; mais fur-tout il vifoit au cœur ;
& il vifoit bien. Pour rendre la prédication
plus efficace, il y ajoutoit la prière. Le jour
il parloit aux hommes, & la nuit à Dieu.
Souvent fon domeftique, en entrant le matin
dans fa chambre, le trouvoit dans la même
attitude qu'il l'avoit laiffé le foir, c'eft-à-dire,
priant. Si quelquefois, par attachement pour
fon Maître, il prenoit la liberté de lui repréfenter le danger de fes pieux excès, l'Abbé
de Laroque, pour toute réponfe, lui ordonnoit
le fecret. Nous favons auffi qu'il a paffé nombre
de nuits devant le St. Sacrement, & qu'il les
trouvoit courtes. A la prière il ajoutoit l'aumône ; & par elle il s'ouvroit au cœur une
route plus fûre. Il donnoit par-tout abondamment, & nous connoiffons en particulier une
Miffion qu'il donna, d'où il ne rapporta qu'une
feule chemife, celle qu'il avoit fur lui, & que
la modeftie ne lui permit pas de donner.

Parmi tous les traits que nous pourrions

rapporter , en preuve des bénédictions répandues sur son Ministère & sur ses travaux en
ce genre , nous n'en citerons qu'un ; il est fait
pour suppléer tous les autres. Il donna une
Retraite à une Communauté religieuse où le
parfait commun n'étoit pas établi. Les inconvéniens qui peuvent naître d'une pareille position se présentèrent à lui , & l'alarmèrent.

Il est fort à craindre en effet, qu'on ne
s'accoutume insensiblement à regarder comme
une chose à soi , une chose dont on dispose ,
quoiqu'avec permission , lorsque cette permission est toujours accordée , & jamais refusée. Il est fort à craindre que ces sortes de
permissions , à la longue , ne dégénèrent en
simple formalité , & en simulacre de dépendance ; il est fort à craindre qu'elles ne for-
ment enfin une espèce de droit coutumier qui
autorise l'inférieure à demander , nous avons
presque dit , exiger , & qui ne permette pas
à la Supérieure de refuser , sans risquer les
mécontentemens , les murmures , & peut-être
les éclats.

Quelles ne devroient pas être les vives
alarmes d'une Religieuse , si elle ne remettoit
entre les mains de sa Supérieure , ou sa pension, ou le produit de son travail, que comme

une efpèce de dépôt ! Si elle calculoit ce qu'elle y a mis, ce qu'elle en a tiré, & ce qui lui refte à prendre ! Si elle regardoit comme une injuftice le refus qu'on feroit de le lui rendre, ou l'emploi qu'on en feroit en faveur d'une autre ! Si elle rappeloit alors avec aigreur, & fi elle reprochoit le bien qu'elle a fait à la Communauté ! Comment accorderoit-elle cette conduite avec le Règlement du Concile de Trente, qui exige que tout ce qu'acquiert un Religieux, d'où qu'il lui vienne, foit incorporé avec les autres biens de la Communauté ! Combien il eft aifé de fe faire fur ce point délicat, une illufion douce qui n'eft pas bien loin de la tranfgreffion ! Il eft donc vrai que du point donné, jufqu'à la propriété, il n'y a guère qu'un pas à faire. Hélas ! Et ce pas eft gliffant. C'eft un premier inconvénient, mais il n'eft pas le feul à craindre.

Un travail particulier parmi des Religieufes, amène avec lui un intérêt différent, là où il ne devroit y avoir qu'un feul & même intérêt. L'efprit & le cœur ne s'en reffentiront - ils pas ?

D'ailleurs, le commerce avec le monde devient néceffairement plus fréquent, & le

retour aux follicitudes du fiècle devient inévitable. De-là, l'efprit de diffipation, fi contraire au recueillement religieux, & l'efprit
de jaloufie, fi contraire à celui de charité.
De-là encore un efprit de vanité, & peut-être
de hauteur, dans la Religieufe qui a beaucoup ;
& dans celle qui a peu, l'humiliation, &
peut-être le dépit. Quoi de plus propre à femer
la difcorde parmi les faintes Époufes de Jefus-
Chrift, qui, plus encore que le refte des
Chrétiens, devroient ne faire toutes enfemble
qu'un même cœur & une même ame !

L'Abbé de Laroque, frappé de ces inconvéniens, n'omit rien pour les arracher du fein de
la Communauté dont il eft queftion. Long-
temps avant la Retraite, il avoit fait demander
à Dieu, & il avoit très-inftamment demandé
lui-même d'y travailler avec fuccès. Cependant
il parla, il inftruifit, il tonna en vain contre
cet abus. Il échoua contre ce point unique,
comme d'autres y avoient échoué avant lui :
il ne put extirper un abus que fembloit autorifer une longue habitude, & au milieu duquel étoient nées la plupart des Religieufes
actuelles. Ce faint Retraitant, qui trouvoit
le mal plus grand, en proportion de la plus
grande réfiftance, en avoit l'ame toute dé-

chirée : peut-être auroit-il pu, comme Supérieur, & par un coup d'autorité, remédier
au mal ; mais ces remèdes violens étoient loin
de son caractère. Il pria avec une serveur
nouvelle ; & avant que de se retirer, il demanda à voir toute la Communauté. Là, sans
autre préparation que son zèle & sa douleur,
il se livre tout entier à l'Esprit de Dieu qui
l'inspire. Il touche, il ébranle, il subjugue ;
& ce qu'il n'avoit pu obtenir dans toute une
Retraite, il l'obtient dans un moment de
grâce, dont toutes ces bonnes Religieuses n'ont
cessé depuis de bénir le Seigneur.

Cet effet visible du doigt de Dieu encou-
ragea merveilleusement notre Apôtre : il entretint avec cette Communauté une relation
particulière ; il y fit des visites ; il y donna une
seconde Retraite, qui fut comme le sceau du
parfait commun, & de la haute perfection
où ces saintes Religieuses marchent avec la
plus grande édification.

Une d'elles lui écrivit, peu après, en ces
termes : « Je viens aujourd'hui vous inviter
» à bénir le Seigneur avec moi, sur les biens
» & les grâces abondantes qu'il répand dans
» notre Communauté. Vraiment, mon Père,
» je ne me sens pas de joie, depuis votre

» Retraite. J'aperçois dans toutes nos Sœurs
» tant de zèle & d'ardeur pour le bien & pour
» la perfection, que ma consolation est à
» son comble. Cette charité qui, par la grâce
» de Dieu, régnoit ci-devant parmi nous,
» semble devenir tous les jours plus étroite
» & plus intime. Tout ici ne respire que paix
» & joie dans le Seigneur. Vous êtes généra-
» lement goûté de toutes ; il n'en est aucune
» qui ne vous regarde comme un Père tendre
» & un Supérieur charitable, à qui elles peu-
» vent recourir avec une entière confiance
» dans tous leurs besoins. On ne sait parler
» que de vos bontés & de vos instructions :
» nous voudrions n'en avoir rien perdu ; en
» sorte que chacune fait à qui se les rappelera
» mieux. L'une cite un trait, l'autre un autre ;
» & de cette manière nos récréations nous
» deviennent infiniment utiles & salutaires. »

Et ce n'est pas ici l'enthousiasme d'une Particulière ; la Supérieure écrivit à M. Cassagnolles
dans le même sens, & en termes plus forts
encore : « J'espère, dit-elle, les plus grands
» biens de la Retraite que nous venons de
» faire. Le Séraphin qui nous l'a donnée, nous
» a annoncé la divine Parole avec une telle
» majesté, qu'à le voir & à l'entendre, l'on

» diroit véritablement qu'il eſt deſcendu du
» Ciel pour porter le feu en terre, afin d'em-
» braſer & de conſumer tous les cœurs. »

Nous ſupprimons les réflexions ; le fait parle
aſſez de lui-même. Puiſſe-t-il faire ſentir efficacement aux Directeurs ce que peuvent le
zèle & la prière ; & aux Religieuſes, ce que
peut la fidélité aux véritables Règles ! Nous
ajouterions ſeulement, ſi on vouloit bien
nous le permettre, que les Supérieures ne
peuvent trop s'empreſſer d'aller au-devant des
beſoins réels de leurs inférieures ; c'eſt un des
grands moyens d'extirper la propriété, ſi elle
exiſte quelque part, & les abus qui s'y rap-
portent. On n'eſt pas tenté, quand la Religion
pourvoit à tout, de ſe procurer des reſſources ;
& la Religion peut toujours pourvoir, quand
le travail eſt commun, conſtant, & bien di-
rigé.

Revenons à l'Abbé de Laroque. Les Miſſions,
les Retraites, & les autres œuvres extérieures
auxquelles il s'étoit voué, ne l'empêchoient
pas de s'attacher ſingulièrement à la direction
des ames. Il avoit toujours plus de perſonnes
à conduire, & plus de relations à entretenir ;
les Miſſions même & les Retraites augmen-
toient conſidérablement ce genre de travail,

parce qu'elles le faifoient plus connoître.

Nous tronquerions fa Vie dans un point bien effentiel, fi nous paffions fous filence les principes par lefquels il fe conduifoit, dans une matière auffi importante. Nous n'avons pu jufqu'ici en donner qu'une idée trop fuperficielle ; nous en devons à nos Lecteurs un plus grand détail. Ces principes feront de plus en plus la confolation des Ames qu'il a dirigées ; & les jeunes Confeffeurs, effrayés peut-être à la vue des grands dangers de leur nouvel état, ne feront pas fâchés d'avoir fous les yeux, & de pouvoir fuivre, dans une route toujours obfcure & difficile, les traces d'un Saint qu'ils pourront imiter, fans craindre aucun écart. Nous voudrions bien pouvoir leur rapporter les propres paroles de l'Abbé de Laroque : elles étoient toujours pleines d'une douceur & d'une onction qui faifit & pénètre ; mais fi notre mémoire n'eft pas toujours affez fidelle, nous les affurons au moins devant Dieu, que la fubftance en eft reftée dans notre ame, & que nous ne l'altérerons pas.

Il faut, difoit-il, recevoir les plus grands pécheurs, même ceux qui ont vieilli dans l'habitude du crime, avec une charité qui les prévienne, les attendriffe & les encourage. Il

est expédient qu'ils connoiffent nos difpofitions à cet égard. Rien ne feroit pire que de
leur fermer toute voie de retour, & de leur
faire ou laiffer croire qu'il n'y a plus pour eux
de moyen de réconciliation, ni de Confeffeur
qui puiffe fe prêter à leurs grands befoins. Il
n'y auroit rien à gagner, parce que la fougue
des paffions les emporteroit également; & il
y auroit tout à perdre, parce qu'ils ne fe pré-
fenteroient pas, & qu'ils finiroient par le
défefpoir ou l'incrédulité. Il faut oindre avec
de l'huile, & même cacher au befoin, fous
le velours, le fer deftiné à ouvrir l'ulcère que
la honte a caché, & qui les étouffe… Il faut
montrer à l'ame tiède un Dieu crucifié, mourant d'amour pour elle, & la placer ainfi dans
le preffoir de la divine Charité… Il faut porter
dans nos bras l'ame fcrupuleufe, jufqu'à ce
qu'elle foit arrivée au chemin de l'obéiffance…
Quant à ces ames fidelles & généreufes, dont
toute la paffion eft l'amour de Dieu, il faut
que nous foyons en commerce avec le Ciel,
pour y puifer les alimens du feu qui les dévore,
& la doctrine toute célefte qui peut feule
fatisfaire ces cœurs affamés de Dieu. Jufque
dans les Campagnes, jufque chez un peuple
en apparence groffier, on trouve de ces Ames

qui méritent d'être menées avec cette distinction ; & quoique l'Esprit-Saint soit leur premier Directeur, ce n'est pas une raison qui nous dispense de seconder, par tous nos soins, ses divines opérations. Nous pourrions arrêter ou retarder leurs progrès ; & ce seroit pour elles un grand malheur, comme pour nous un grand compte à rendre, si nous laissions simplement marcher des Ames que Dieu appelle à voler dans les routes de la plus haute perfection.

Il faut bien étudier les caractères & les positions, mais surtout examiner de bien près les vues de Dieu sur une Ame, pour se rendre utile. Pour les uns, il faut une patience à toute épreuve ; pour d'autres, une assiduité soutenue ; pour tous un très-facile accès. Nous nous plaignons de ce que la Religion va dépérissant, & que les Sacremens sont abandonnés ; & c'est peut-être un peu notre faute, parce que nous montrons de l'ennui, au lieu de témoigner notre zèle. On commence par nous craindre, on finit par se rebuter & nous fuir, peut-être par nous mépriser & nous haïr. Il est vrai que le Ministère est pénible & rebutant, quand on ne considère que les épines & les dangers qui l'entourent ; l'inutilité que nous croyons y apercevoir vient encore à l'appui de nos dégoûts ; mais il a aussi ses consolations & ses douceurs , quand on l'envisage du côté de la gloire de Dieu , du bien de nos Frères , dont nous sommes chargés , & des avantages qui nous en reviennent à nous-mêmes. J'avoue, pour moi , que , n'eût été cette vue , j'aurois mille fois jeté la clef de mon Confessionnal , & l'auroit prise qui auroit voulu...

Un Confesseur qui pense bien, travaille toujours utilement , au moins pour lui-même. D'abord il remplit son devoir , & puis il trouve des ressources infinies dans l'exercice du Ministère. Les justices ou les miséricordes de Dieu , qu'il annonce au pécheur , lui rappellent ce qu'il a mérité, & ce qu'il a éprouvé lui-même. Ce n'est pas l'état seul du pécheur qui nous attendrit ; c'est autant , & plus peut-être , le souvenir du nôtre : nous faisons des actes de contrition en les inspirant. Les ames tièdes nous rappellent , hélas ! trop souvent ce que nous sommes encore ; & les exhortations que nous leur faisons , sont autant de reproches que nous nous faisons à nous-mêmes. Les Parfaits nous servent aussi beaucoup : nous nous humilions du moins, en voyant à nos pieds , pour recevoir nos avis, des ames avec qui il s'en faut de beaucoup que nous foyons au pair pour la fainteté. Pour moi, j'avoue que le Confeffionnal m'eft très-utile.

Nous le répétons encore : nous n'avons pas, faute de mémoire, rapporté les propres paroles de l'Abbé de Laroque ; mais pour la fubftance, nous la tenons de fa bouche ; & bon nombre de nos Lecteurs pourront rendre le même témoignage. Sa conduite répondoit parfaitement à fes principes ; car il n'étoit pas de ceux qui difent, & ne font pas.

Sa douceur étoit grande par-tout ; mais au Tribunal elle étoit plus grande encore : mais cette douceur n'ébréchoit en rien les règles de la morale ; & le velours, dont il falloit, difoit-il, couvrir le fer deftiné à fonder les plaies & à y porter le remède, ne reffembloit en rien à ces commodes couffins que l'ignorance, le refpect humain, ou la cupidité, peuvent mettre fous le coude de certains pécheurs, pour éviter à leur chair les mortifications les mieux méritées. Sa douceur, en un mot, n'étoit pas l'effet d'une mauvaife caufe ; elle étoit le fruit tout pur de la charité. Après avoir permis tout ce qu'il pouvoit permettre, il ajoutoit : « J'ai bien peur de fouffrir » pour vous, dans l'autre monde. » Nous le

tenons d'une de ſes Pénitentes, que cette parole avoit fort touché, & qui pleuroit encore
en nous la rapportant. C'étoit, en effet, porter
à des cœurs droits & reconnoiſſans des coups
irréſiſtibles ; & c'étoit auſſi acquérir le droit
de tout exiger, quand le moment en ſeroit
venu. Nous ſavons d'une autre de ſes Pénitentes, qu'elle s'étoit adreſſée à lui dans le
deſſein de n'y plus retourner, s'il vouloit lui
interdire l'entrée d'une maiſon ouverte à la
ſociété. L'habile Directeur le ſentit ; il attendit,
pour l'obtenir, un moment plus heureux : il
ſe contenta de lui dire qu'il s'en rapportoit,
ſur ce point, à la délicateſſe de ſa conſcience,
& à la reconnoiſſance qu'elle devoit à ſon Dieu.
La Pénitente fut gagnée par cette parole pleine
de force & de ſuavité. Elle retourna d'abord,
mais peu ; bientôt elle ne retourna plus du
tout, & ſe conſacra aux bonnes œuvres.

C'eſt ainſi qu'il obtenoit plus qu'il ne ſembloit exiger, & qu'il conduiſoit avec autant de
douceur que de force, à toute la ſévérité des
conſeils évangéliques. Tout doux qu'il étoit,
il ſavoit proportionner la pénitence au péché ;
mais dans le cas où les pénitences fortes étoient
néceſſaires, il faiſoit précéder cette adreſſe,
cette prudence & ce zèle qui attendrit le pécheur,

cheur, lui fait connoître ſes beſoins, & l'arme contre lui-même, en ſuivant les lois de la raiſon, & les avis d'un Directeur qui pèſe tout au poids du Sanctuaire. En un mot, avant que de les ordonner, il en faiſoit naître le déſir. Un Directeur novice auroit manqué ſon but au premier pas, parce qu'il auroit débuté par où le nôtre ſavoit qu'il falloit finir. Il s'attachoit d'abord à gagner la confiance, & puis il employoit les remèdes ou le régime que l'état des malades ou des convaleſcens exigeoit. Ainſi faiſoit - il quelquefois jeûner, veiller, coucher ſur la dure, &c. ; mais en impoſant ces pénitences, il n'avoit pas ſeulement égard au péché, mais encore à la poſition du pécheur. Une grande pénitence à ſes yeux, & convenable à tous les pécheurs, étoit la patience dans le ſupport des humeurs, des travaux, des peines & des douleurs de la vie. Nous ſavons tous ces détails des perſonnes même à qui il les a preſcrits.

Il ne réuſſiſſoit pas néanmoins toujours, & aucun Miniſtre ne doit s'y attendre ; mais il ne ſe décourageoit pas pour cela ; & ſon mot favori, dans ces occaſions, étoit celui de Saint Bernard : on exige de vous le ſoin du malade, & non ſa guériſon. Content de jeter le filet au nom de Dieu, il s'en rapportoit à lui de l'abondance ou de la médiocrité de la pêche. « Je me suis trompé comme vous, nous di- » soit-il un jour, & plus que vous ; je n'ai pas » mieux réussi que vous ; mais quand nous » avons de bons principes & une bonne in- » tention, le bon Dieu a pitié de nous. Il sait » bien qu'il n'a pas confié le Ministère à des » Anges, mais à des hommes : c'est le meilleur » des Maîtres ; & rien ne lui fait tant de plaisir » dans les Prêtres, que le zèle des Ames ; c'est » de tous les sacrifices, le plus agréable que » nous puissions lui offrir. »

Son zèle étoit si pur, & sa désappropriation si entière, que c'est pour nous un devoir d'en faire part. Il se tâtoit, il se palpoit, pour ainsi dire, de tous côtés, pour s'assurer de plus en plus que l'humanité n'entroit pour rien, chez lui, dans l'exercice du Ministère. « J'aurai » pour principe, dit-il dans ses plans de vie, » de travailler uniquement pour Dieu. Je me » souviendrai toujours que c'est là surtout que » je dois représenter la Personne de Jesus- » Christ, puisque c'est là & au saint Autel » que j'agis bien réellement en son nom, par » son autorité, & comme si j'étois un autre » lui-même. Je prendrai garde de ne rien

» mêler, dans ma manière de diriger, qui
» soit contraire à la décence & à la sainte
» gravité du Ministère : je ne voudrai l'exercer
» que selon le bon plaisir de Dieu ; & j'écar-
» terai avec soin tout ce qu'on appelle jalousie
» de Ministère. Si c'est un ordre de Providence
» que je sorte du Confessionnal, ou que je
» manque de m'y rendre, je serai mort rela-
» tivement à toutes les petitesses qui pour-
» roient se présenter à mon esprit, j'en aurai
» horreur. Je tâcherai de détruire en moi
» tout attachement qui pourroit m'empêcher
» d'être entièrement libre. J'éviterai toute
» acception de personnes ; c'est l'œuvre de
» Jesus-Christ que je dois faire, & non pas
» celle de mon amour propre. Je croirai qu'à
» parler en général, il est plus glorieux à Dieu,
» & plus conforme à l'Esprit de Jesus-Christ,
» d'exercer les fonctions du Ministère sur les
» pauvres, que sur les riches. Je regarderai
» comme une abomination de refuser le
» pauvre, parce qu'il est pauvre & mal vêtu,
» & qu'il pourroit empêcher le riche de venir;
» je me souviendrai éternellement de cette
» parole de Jesus-Christ : Il m'a envoyé an-
» noncer l'Évangile aux pauvres. Je regarderai
» comme une horreur d'attirer le riche, parce

» qu'il est riche. Ainsi j'aimerai le pauvre qui
» viendra à moi; je le recevrai avec affection;
» je lui donnerai tous mes soins, autant que
» je les lui croirai utiles. A l'égard des riches,
» je ne les refuserai pas. Jésus-Christ est mort
» aussi pour eux; mais je prendrai garde de
» ne pas leur donner des soins qui marquent
» trop de prédilection, & qui fassent mur-
» murer les pauvres. Je ne rechercherai, ni
» ne désirerai la direction de personne. En
» toutes choses, ô mon Dieu! faites mourir
» en moi la nature, & pénétrez-moi bien de
» cette vérité, que je vous suis aussi inutile
» qu'un sac de fumier ou d'ordure. »

Grande vérité, en effet, mais malheureusement trop peu & trop rarement sentie comme elle devroit l'être. Est-ce celui qui plante,
ou qui arrose, qui est quelque chose? N'est-ce
pas Dieu seul, lui qui donne l'accroissement?
Dieu est jaloux de sa gloire, & il nous assure
bien qu'il ne la donnera pas à un autre. La
partageroit-il avec un vil instrument? Ne nous
étonnons plus des succès de l'Abbé de Laroque, & des bénédictions répandues sur son
travail; il vient de nous révéler son secret.
Des vues si pures, de si humbles dispositions,
des moyens si conformes à l'Esprit de Dieu,

devoient comme néceffairement attirer l'a-
byme de fes miféricordes.

Combien tout ce que nous venons de rapporter ne feroit-il pas digne d'entrer dans le
plan de tous les Confeffeurs , & capable de
rendre au Miniftère , avec fon ancienne fainteté , fon efficacité primitive ! L'Abbé de Laroque alloit pourtant plus loin encore ; &
malgré tout cela il craignoit qu'il ne fe glifsât
quelque chofe d'humain, ou dans fa conduite ,
ou dans la confiance de fes Pénitens , par fa
faute. Il avoit déjà éprouvé , durant fa maladie
& fes abfences , les regrets & les inquiétudes
des perfonnes qu'il conduifoit. Ces regrets &
cette inquiétude étoient pour lui une fource
de faintes alarmes. « Y auroit-il là , difoit-il ,
» de quoi bleffer mon ame par contre-coup ?
» Et la fainte liberté du cœur, le grand objet
» de mes vœux, en feroit-elle altérée ! » C'eft
ce qui l'engage à s'armer de nouveau contre
cet ennemi , quoiqu'il n'en eût pas été atteint.
« Jamais , dit-il , je ne dois réfléchir fur les
» peines que pourront avoir les perfonnes que
» je ne pourrai pas diriger : ces réflexions ne
» feroient point dictées par l'humilité , mais
» par un orgueil diabolique ; & la charité qui
» coloreroit cet abus , ne pourroit être qu'ap-
» parente. »   I iij

Enfin il pousse jusqu'au dernier période, &
jusqu'aux dernières précisions, le dégagement
où il veut vivre ; & on peut bien dire qu'il
immole ici le cher Isaac de tous les Confesseurs,
qui pouvoit devenir le sien, parce qu'il conduisoit des Ames sublimes. Il faut convenir,
en effet, qu'il n'y a peut-être pas sous le Ciel
une satisfaction égale à celle d'un Directeur
qui, n'ayant que le bien en vue dans la direction, a la consolation de voir des Ames
courir dans la voie des Conseils, & s'élever
sans cesse à Dieu avec la rapidité des aigles
ou des colombes.

Eh bien ! c'est cette satisfaction si juste &
si pure, dont son ame fut si souvent inondée,
que sacrifie ici le saint Prêtre. « Je n'aurai, dit-
» il, de l'attache pour la direction d'aucune per-
» sonne ; je serai aussi pleinement indifférent
» pour les unes & pour les autres, que si j'étois
» mort. Si Dieu veut, comme je crois, que
» j'imite la vie des Hommes apostoliques,
» que j'aille donner des Retraites ou des Mis-
» sions, je partirai sans peine, & sans peine
» je quitterai mon troupeau, au risque de le
» trouver diminué à mon retour, & de voir
» passer en d'autres mains les Ames qui me
» consolent davantage, & qui répondent plus

» à mes soins, ou plutôt à la grâce. Si l'on
» me quitte, si le bien semble moins se faire
» dans les Ames que je conduis, je penserai
» que Jesus-Christ lui-même me tient ce lan-
» gage : C'est moi qui ne veux pas faire réussir
» vos soins, & qui veux vous donner cette
» humiliation. »

Il n'y a qu'une désappropriation totale, ou
plutôt une mort bien réelle à soi-même, qui
puisse concilier un zèle si ardent avec une indifférence si absolue ; & ne pouvons-nous pas
dire que l'Abbé de Laroque étoit cet arbre
béni de Dieu, & qui porte déjà des fruits,
mais qu'il prend soin de tailler lui-même,
pour qu'il en porte davantage ? Puissent toutes
les branches du Sanctuaire être ainsi taillées
de la main de Dieu !

Ce n'est pas que l'Abbé de Laroque ne fût
peiné de l'inconstance de certaines ames volages, toujours prêtes à quitter un Directeur
ancien pour un nouveau venu ; mais c'étoit
par un effet de sa charité : il craignoit leur
motif, & la punition qui pouvoit s'en en-
suivre ; & alors il tâchoit tout doucement de
les fixer.

L'indifférence dont nous venons de parler
n'empêchoit pas non plus qu'il ne fût très-

affecté du déchec qui pouvoit arriver à la piété de ses Pénitens, mais c'étoit par la crainte d'en être lui-même la cause ; & c'est à ce propos qu'il fit la réponse qu'on va lire, à une personne qui lui témoignoit ses regrets, de n'avoir pas reçu une grâce qu'elle désiroit ardemment, & dont elle craignoit que ses péchés ne l'eussent rendue indigne. « Vous » craignez, lui répond l'humble Directeur, » que vos péchés ne vous ayent rendu indigne » de cette grâce : j'ai bien peur, moi, que » ce ne soit pas les vôtres, mais les miens ; » & que le bon Dieu n'ait vérifié en vous, ce » qu'il a dit dans son Prophète, qu'il punit » quelquefois les péchés des pères sur les en- » fans. Cependant, quoiqu'il en soit, bénissons » sa sainte main, & disons toujours, que sa » sainte volonté soit faite. »

Ce seroit ici le lieu de rendre compte des Lettres de direction qu'il a écrites ; mais quelque soin que nous nous soyons donné pour nous les procurer, il n'en est tombé que très-peu dans nos mains ; & celles-ci même nous ont été confiées avec tant de conditions & de réserve, que nous n'en pourrons rapporter que des fragmens, pour ne désigner personne. S'il nous avoit été permis de tout rapporter,

on y auroit beaucoup plus retrouvé, & de
l'efprit, & du ftyle de St. François de Sales.
Tout y refpire cette aimable fimplicité, &
cette gaieté charmante qui, fans préjudicier
à la fermeté néceffaire, fait infenfiblement
goûter la vertu.

Une perfonne lui avoit peint les tracafferies
intérieures qu'elle éprouvoit au fujet d'une
décifion qu'il lui avoit donnée : « Méprifez
» d'abord, lui dit-il, ces tracafferies, & laiffez-
» les tomber d'elles - mêmes, bien perfuadée
» que le démon vous les envoie pour vous
» troubler. Quand la tentation devient plus
» violente, dites au démon, qu'après tout
» ce n'eft pas à vous qu'il faut s'en prendre,
» mais à moi, puifque la décifion eft de moi,
» & non de vous ; & que le Seigneur eft trop
» bon, pour vous reprocher une obéiffance
» que vous me rendez avec tant de fimplicité
» & de bonne foi... Mais, prenez bien garde
» furtout de vous arrêter à ces penfées, &
» d'argumenter contre elles : le démon eft
» plus rufé que vous ; & en fait d'argumen-
» tation, il en fait plus que vous. Il vous
» troubleroit tellement, que vous auriez peine
» à voir fes fophifmes... Si la tentation dure,
» offrez à Dieu autant d'actes de douleur de

I v

» vos péchés, autant d'actes d'amour, que la
» tentation durera d'inftans ; & même, pour
» faire niche au démon, vous pourrez, pen-
» dant le fort de la tentation, compter les
» mérites que vous acquérez, en difant, un,
» deux, trois, &c., autant que d'inftans......
» A l'égard des idées extravagantes, riez-en
» en vous humiliant, & dites-vous à vous-
» même : D'où me viennent cés idées ? Elles
» viennent de Dieu ; de moi-même, ou du
» démon. De Dieu ? Ce feroit indigne de le
» penfer. De moi ? Je ne fuis ni affez mé-
» chante, ni affez folle. Elles viennent donc
» du démon . . . . . Pour ce qui eft de la ma-
» nière de vous comporter, après la tentation,
» je vous donne pour avis très-effentiel, de ne
» jamais revenir fur la conduite que vous y
» avez tenue, furtout quand vous croyez avoir
» fait à peu près ce que vous pouviez pour les
» repouffer. Cet avis, encore une fois, eft
» très-effentiel : fi vous ne l'obfervez, vous
» ferez toujours effentiellement troublée ; c'eft
» là la dernière reffource du démon, & où il
» vous attend.

» Comportez - vous donc comme je vous
» dis, & abandonnez tout entre les mains
» de Dieu, que fi cependant vous avez été

» fortement tracaſſée, & que vous ayez quel-
» que doute fondé ſur la manière forte avec
» laquelle vous avez repouſſé ces idées, vous
» ferez bien d'en dire un mot à votre Con-
» feſſeur ; mais un mot, en diſant que vous
» avez été fort tracaſſée, que vous ne ſavez
» pas ſi vous avez repouſſé la tentation auſſi-
» bien que vous auriez dû faire, & que vous
» vous confeſſez de la négligence que vous
» pourriez y avoir commiſe, après quoi n'y
» penſez plus, & que ce ſoit choſe finie,
» oui finie, & entièrement finie. » C'eſt la
dernière analyſe, l'unique parti qu'il y ait
à prendre, ſoit qu'on ſoit déjà ſcrupuleux,
ſoit qu'on tende au ſcrupule, & c'eſt toujours
au Directeur, jamais au Pénitent de décider
l'un & l'autre.

Une Religieuſe l'avoit conſulté ſur la peine
qu'elle avoit à s'adreſſer au Confeſſeur de
Communauté : voici ſa réponſe :

« Il ne peut y avoir en général que deux
» inconvéniens à craindre, quand on s'adreſſe
» à un Confeſſeur pour lequel on ne ſent pas
» d'ouverture de cœur ni de confiance. Le
» premier, c'eſt que la gêne ne nous faſſe
» taire quelque choſe d'eſſentiel à la décla-
» ration ; le ſecond, c'eſt qu'on n'oſe pas

» lui demander des avis dont nous aurions
» befoin : or, je ne crains rien pour le pre-
» mier, & je vous avoue que j'aimerois
» mieux vous favoir enterrée que coupable
» d'une pareille diffimulation. Pour ce qui eft
» du fecond, je conviens que les avis d'un Di-
» recteur doux, pieux, fage, éclairé, vous
» feroient fort agréables, & même utiles ; mais,
» grâces au Seigneur, les avis ne vous font pas
» abfolument néceffaires, & dans la rigueur
» vous pouvez vous en paffer, ou tout au
» moins les fuppléer : car d'abord par vous-
» même, (foit dit & lû fans vanité), vous
» avez d'affez bons principes de conduite ; &
» dans le befoin, quel fecours n'avez-vous
» pas dans M. votre Maîtreffe & votre Amie ?
» Ainfi il n'y a point d'inconvénient effen-
» tiel, & j'y trouve au contraire de très-
» grands avantages. Le premier eft celui de
» la vie commune ; ma chère Fille, je vous
» le répète, que votre grande pénitence foit
» la vie commune : contentez-vous en tout
» & pour tout, de ce qui fuffit à la plus grande
» partie de la Communauté ; ne faites à cet
» égard aucune différence entre les chofes
» temporelles & les chofes fpirituelles. Le
» fecond avantage eft le mérite que vous au-

» rez à vous confesser malgré votre répu-
» gnance : n'imaginez pas que les meilleu-
» res actions soient celles auxquelles nous
» sommes portés avec une inclination plus
» forte, car il est à craindre que la nature
» alors n'y entre pour plus de moitié ; au
» contraire, ce sont celles que nous faisons
» pour le bon ordre, pour la vie com-
» mune, & avec plus de répugnance. Or,
» lorsque nous nous confessons à un Con-
» fesseur pour lequel nous avons une ouver-
» ture de cœur naturelle & facile, quelle ré-
» pugnance avons-nous à vaincre ?

» Prenez garde, je ne veux pas conclure
» de là, qu'ordinairement parlant on doive
» de préférence choisir des Confesseurs pour
» lesquels on sent une répugnance naturelle.
» Non, j'avoue que, quand il n'y a pas de
» raison qui l'empêche, on doit plutôt choi-
» sir celui pour lequel on sent plus d'ouverture ;
» mais je dis que, quand il y a des incon-
» véniens à cause du bon ordre, de la vie
» commune &c., il faut alors faire de né-
» cessité, vertu ; & qu'alors les confessions
» sont plus méritoires par les raisons que j'ai
» dit.

» J'ai des observations essentielles à vous

» faire à cet égard ; & voici comment vous
» devez vous comporter avant, pendant &
» après la confession.

» Avant la confession, 1°. prenez bien garde
» que la crainte & la répugnance ne vous
» fassent omettre une seule confession. Lors-
» que votre jour sera arrivé, répugnance ou
» non, confessez-vous, comme si vous y étiez
» portée de la plus grande inclination ; 2°. of-
» frez au bon Dieu votre répugnance en ex-
» piation de vos fautes anciennes & nouvel-
» les, connues & inconnues ; 3°. faites des
» efforts pour ne rien laisser paroître de votre
» répugnance, humiliez-vous-en, & tâchez
» de vous la cacher à vous-même.

» Pendant votre confession, faites tout ce
» que vous pourrez pour dire généralement
» tout ce que vous diriez à un autre, & tout
» ce que vous avez projeté de dire. Ima-
» ginez-vous que vous faites la confession
» d'un autre, & que Dieu vous a chargé de
» la bien humilier, & de dire tout ce que
» vous en savez. N'oubliez pas que plus vous
» vous humilierez, plus votre confession sera
» méritoire & agréable à Dieu.

» Enfin, après votre confession, vous de-
» vez vous attendre que le Démon fera des

» efforts pour vous troubler, & vous casser
» la tête. Il vous mettra dans l'esprit que vous
» n'avez pas tout dit, que vous avez déna-
» turé les choses, que vous avez pallié, ca-
» ché, &c. &c. ; que vous auriez dû dire
» d'une autre façon, ajouter cette circonf-
» tance &c. Ma chère Fille, la grande maxi-
» me, quand vous avez dit comme vous
» avez su, c'est de ne jamais revenir sur la
» manière dont vous vous êtes confessée. Si
» l'on ne prend cette voie, on s'agite sans
» cesse, on marche, on revient sur ses pas, &
» jamais on n'arrive au but. Quand même
» par inquiétude, par trouble, vous n'auriez
» pas dit à votre Confesseur tout ce que vous
» auriez dit à un autre, ou que vous l'auriez
» dit autrement, j'ai cette confiance que vous
» n'avez rien omis d'essentiel ; & ordinaire-
» ment parlant, je ne crains pas de vous
» dire que vous ferez mieux de n'en pas par-
» ler, que si vous en parliez encore.

» Au reste, si le Confesseur ne vous parle
» pas comme vous l'auriez désiré, ce vous
» semble, pour le bien de votre ame, ne
» le dites pas ; persuadez-vous que ce qu'il
» vous a dit vous convient mieux dans les
» vues de Dieu, que ce que vous auriez

» défiré. Dites à Dieu qu'il regarde vos pe-
» tites peines ; & que puifqu'il vous femble
» que vous n'êtes pas conduite comme vous
» voulez l'être, il veuille bien vous conduire
» lui-même ».

Voilà fans doute des chofes bien vues : pour remettre la paix dans bon nombre d'ames religieufes , & le bon ordre dans bien de Couvens, il ne faudroit affurément autre chofe qu'obferver la morale de cette Lettre.

Cependant fi cette Vie doit tomber dans les mains de quelques Religieufes, on nous permettra d'ajouter de notre cru une maxime effentielle pour elles , & plus effentielle en-core pour celles qui ne font pas fous la direc-tion de l'ordinaire.

Il faut fans doute , à moins de grandes raifons , s'adreffer au Confeffeur des Commu-nautés ; & l'on ne peut trop prendre des précautions , pour que le nombre des Con-feffeurs ne fe multiplie pas au gré des Re-ligieufes. Mais la règle établie par le Con-cile de Trente pour les Quatre Temps , doit être par-tout une loi facrée , & il ne faut pas vouloir être plus fage & plus fpirituel que l'Églife. Il eft à défirer que les Supé-rieurs & Supérieures faffent alors un devoir

indispensable à toutes les Sœurs de s'adresser à d'autres Confesseurs que celui de la Communauté ; & que pour le faire mieux remplir , elles en donnent elles-mêmes l'exemple. Il n'y a rien à perdre pour personne ,
& pour plusieurs peut-être il y a beaucoup
à gagner. Si celles qui n'ont ni raison , ni
besoin de changer , s'adressent au Confesseur
ordinaire , celles qui ne s'y adresseront pas
seront notées ; & de là une gêne funeste qui
lie la conscience , & l'enchaîne peut - être
à la mort ; d'où je conclurois volontiers
que la charité réclame ce que je viens de
dire , & que je ne fais ici que lui servir d'organe. Dieu veuille que je sois entendu! Rapportons encore quelques Lettres de l'Abbé de
Laroque.

Une jeune Personne du monde lui avoit
écrit pour lui proposer un plan de vie qu'elle
s'étoit elle-même tracé , & qu'elle vouloit
suivre dans la maison paternelle , mais avec
son attache ; il lui répondit :

« Je vous ai souvent dit , ma chère Fille ,
» que je voudrois toujours ce que vous vou-
» driez , parce que toujours vous voulez le
» bien : d'ailleurs il est bien juste que je fasse
» votre volonté , puisque vous faites la mien-

» ne.... J'ai lû avec plaifir la diftribution de
» votre journée, je l'approuve très-fort; &
» afin que vous y foyez plus fidelle, regar-
» dez - la comme vous ayant été prefcrite
» par moi, ou plutôt par Dieu-même. Quand
» vous manquerez à ces exercices par nécef-
» fité, inadvertance, ou même par légéreté,
» ne vous effrayez point, racommodez les
» chofes du mieux que vous pourrez, &
» continuez comme fi tout avoit été bien.
» J'approuve fort, ma chère Fille, ce que
» vous demandez à Dieu de faire de vous
» & de moi, deux véritables Saints feu-
» lement à fes yeux : en vérité, je me
» foucie peu de l'être aux yeux des hommes,
» & vous le défirez encore moins que moi.
» Tenons-nous-en là, ma chère Fille, de-
» mandons-le fortement & continuellement,
» & foyons-le comme nous voulons l'être;
» faifons à qui fera mieux, mais furement
» vous ferez toujours mieux que moi ».

Une Novice avoit conçu de quitter fon
état, pour en embraffer un plus auftère :
cette idée qui s'étoit offerte à elle, fous l'apparence d'une perfection plus fublime, avoir
plu à fa ferveur; & fans en rien dire à l'Abbé
de Laroque, elle s'en étoit nourrie un cer-

tain temps. Mais enfin les remords vinrent, elle trembla à la vue d'un projet qu'elle rouloit seule dans sa tête, elle redouta l'illusion, & elle s'en ouvrit à son père en Dieu, qui lui répondit en ces termes :

« Si quelqu'autre m'avoit dit de vous, ma
» chère Fille, (j'avois bien envie de dire
» Madame), ce que vous m'écrivez, je lui
» aurois dit que la chose n'étoit ni vraie,
» ni vraisemblable, ni même possible. Je
» vous avoue que j'ai été étonné en lisant
» votre Lettre, & que je pourrois difficile-
» ment vous exprimer mon étonnement &
» mon amertume. Comment avez-vous pu
» concevoir un projet aussi fou, aussi extra-
» vagant, aussi impossible, aussi pernicieux,
» en un mot aussi manifestement diabo-
» lique ? Je n'ai pas coutume de vous par-
» ler sur ce ton, parce qu'il ne vous est
» pas ordinaire de concevoir des étourderies
» de cette force, & je vous avoue que je
» ne vous en croyois pas capable.

» J'appelle votre projet fou & extravagant,
» parce qu'il y a en effet de la folie à se
» mettre dans la tête de quitter un état qu'on
» a déjà comme embrassé devant Dieu &
» devant les hommes ; état où on se plait,

» duquel on espère pouvoir facilement rem-
» plir les obligations ; état qui devant Dieu
» & devant les hommes est un état sublime ;
» état dans lequel on a été placé comme
» par les mains de la Providence, par les
» voies ordinaires, par ceux que Dieu a pré-
» posé pour cela, pour en embrasser un qu'on
» ne connoît pas, duquel on ignore qu'on
» puisse remplir les obligations, dans lequel
» on ne pourroit entrer que contre l'avis de
» ceux que Dieu a proposé pour nous diri-
» ger, qu'en suivant les saillies ou folies de
» son imagination & de sa tête. S'il y a de
» la sagesse dans ce projet, je ne sais plus
» où il n'y en aura pas : encore s'il y avoit
» à ce projet quelque raison plausible ! Mais
» quelle apportez-vous ? Vous rendez la jus-
» tice à votre Institut de vous porter à la
» plus haute perfection, à vos Sœurs de ne
» vous donner que de bons exemples. Qu'est-
» ce donc ? Vous voudriez un état où vous pus-
» fiez faire plus de mortifications corporelles.
» Ma chère Fille, c'est ainsi que le Démon
» vous abuse, que par de telles puérilités,
» il vous fait perdre la tranquillité & la paix,
» qu'il vous détourne de votre perfection
» réelle, en vous amusant par les idées d'une

» perfection imaginaire & fauſſe : vous vou-
» driez des mortifications corporelles ! Mais
» premièrement êtes-vous en état de les ſou-
» tenir ? Vous vous portez aſſez bien depuis
» quelque temps ; mais cela durera-t-il tou-
» jours ? Et n'eſt - ce pas comme une grâce
» miraculeuſe que le bon Dieu vous a ac-
» cordé & qu'il vous continue , afin que vos
» parens ne vous retirent pas du Couvent où
» vous êtes ? Secondement, quand vous pour-
» riez ſoutenir les mortifications corporelles,
» qui vous a dit qu'elles vous étoient utiles
» ou néceſſaires, & que celles que vous trou-
» vez du côté de l'eſprit , n'étoient pas ſuf-
» fiſantes pour vous & meilleures ? Je com-
» prends : vous êtes dans un tel degré de
» perfection , que votre Inſtitut actuel n'eſt
» pas digne de vous , il vous en faut un
» plus ſublime !... J'ai honte , ma chère Fille ,
» de vous parler ſur ce ton ; mais vous con-
» noiſſez la main qui vous frappe , & je con-
» tinue.

» J'appelle votre projet impoſſible : premiè-
» rement, perſonne n'y auroit conſenti ; &
» moi-même , ſi comme il y a lieu de le
» croire , j'avois été conſulté , j'aurois dit à
» votre père de vous refuſer tout conſente-

» ment, & de vous faire opter , ou bien de
» revenir là où vous êtes, vous prosterner
» à la porte du Couvent, y pleurer, & n'en
» pas sortir jusqu'à ce qu'on vous eût reçue,
» ou bien de vivre chez vous, & de vous
» faire bâtir, sur le toit de la maison, une
» petite cellule, haute de cinq pieds, &
» large de quatre, dans laquelle vous pus-
» siez vous renfermer, & vivre sans jamais
» parler à personne, & tendre à cette belle
» perfection que vous avez conçue. . . . .
» Secondement, je ne sai pas trop si vous-
» même auriez été constante dans votre voca-
» tion nouvelle ? N'auriez - vous jamais eu
» aucun doute ? Ne vous seriez-vous jamais
» reprochée de l'avoir suivie contre toutes
» les lois du bon sens & de la sagesse ? Cet
» Institut que vous appelez cher, (je ne sais
» comment ce mot vous a échappé), ne
» vous seroit-il jamais revenu à l'esprit ? En-
» fin, j'appelle votre projet pernicieux, &
» manifestement diabolique. Oui, c'est le
» Diable, & le Diable tout pur qui vous
» l'a inspiré : s'il avoit réussi à vous faire
» demander une place & à l'obtenir, vous
» étiez une personne perdue. Vous n'auriez
» été ni ce que vous êtes, ni ce que vous

» vouliez être : car pour ce que vous êtes,
» dès que vous auriez eu l'étourderie de sor-
» tir sans raison, il n'y a pas apparence que
» vous eussiez voulu demander de rentrer,
» ni qu'on eût voulu vous recevoir. On au-
» roit eu trop bonne idée de la solidité &
» de la constance de votre esprit. A l'égard
» de ce que vous vouliez être, je doute que
» vous eussiez pu tenir à la règle, je doute
» que vous l'eussiez voulu, je doute que....
» & quand je dis je doute, vous comprenez
» le sens que j'y donne. Ainsi, ma chère
» Fille, (je ne veux pas trop vous alarmer),
» vous n'auriez été ni... ni.... qu'auriez-
» vous donc été ? Une Dévote de... Mais en-
» core, quelle Dévote ? Une Religieuse man-
» quée, la fable & la risée de toutes les au-
» tres Dévotes.....

» Mais une chose que je n'ai pas dit en-
» core, & que j'écris en rougissant ; vous
» avez conçu un projet aussi inoui, vous
» l'avez médité pendant je ne sais combien
» de temps, & vous ne m'avez pas cru digne
» de me le confier ! Je rougis & je me tais.
» Je croyois avoir mérité votre confiance ».

Voilà bien une Lettre excellente : elle est
une bonne preuve de la connoissance profonde

qu'il avoit des vues de Dieu sur les Ames, des ruses du Démon, de l'esprit des filles, & des moyens qu'il savoit employer au besoin. La lumière y jaillit de toute part ; la raison, la force, la charité, l'ironie, les reproches, tout y est placé avec tant d'ordre & de ménagement, qu'il seroit difficile de trouver parmi toutes les Lettres qui ont été écrites sur ce sujet, une Lettre qui approchât de celle-ci. Aussi eut-elle tout l'effet qu'il en pouvoit attendre : la tentation disparut pour toujours.

Tandis que l'Abbé de Laroque travailloit avec tant de zèle & de succès à la direction des Ames, M. de Montillet, son Archevêque, s'occupoit plus sérieusement & plus prochainement que jamais de l'élever à l'Épiscopat, & de le garder près de lui pour en faire l'appui de sa vieillesse, & remplir dans son vaste Diocèse les fonctions Épiscopales qu'il se voyoit au moment de ne pouvoir remplir lui-même à cause de son âge.

On a déjà vu ce qu'il avoit mandé au sujet de l'Abbé de Laroque à M. le Cardinal, Ministre de la Feuille des Bénéfices de France ; mais la députation de sa Province à l'Assemblée de mil sept cent soixante-quinze, l'ayant amené lui-même à Paris, il profita

de

de cette circonstance pour concerter avec M. le Cardinal, & lui faire goûter son projet.

Il fut goûté en effet, tout fut concerté entre l'Archevêque, le Cardinal, le Ministre du Roi & le Nonce, & l'exécution du projet ne tenoit plus qu'à la durée des jours de M. de Montillet.

L'Abbé de Laroque ne savoit rien de ce qui se tramoit à Paris, & il n'apprit qu'avec le Public une nouvelle qui ne pouvoit pas long-temps demeurer secrète. Elle produisit en lui les plus vives alarmes. L'Épiscopat lui sembloit, comme à tous les Saints, un poids infiniment au-dessus de ses forces; & malgré sa grande confiance dans la bonté du Seigneur, il le redoutoit sincérement. S'il n'avoit envisagé dans l'Épiscopat que sa face agréable, une dignité honorable, un poste éclatant, un rang distingué dans l'Église, & dans le monde même, des richesses, une cour, des honneurs en un mot, des biens, du crédit & du faste, sans doute que ce coup d'œil auroit flatté la nature, & que loin d'être peiné, il auroit été au comble de ses vœux. Mais il s'étoit accoutumé à n'envisager toutes choses qu'avec l'œil de la Foi. Tout l'humain disparoissoit devant lui, & il voyoit dans l'Épiscopat des grands devoirs à remplir, & des grands écueils à craindre. Être le pied du boîteux, l'œil de l'aveugle, la force du foible, le père du pauvre, la confolation de l'affligé, l'exemple du troupeau, fans domination, l'organe de Dieu, le fel de la terre, la lumière du monde, le modèle de tous ; en un mot, être tout aux autres, prefque point à foi, c'étoit à fes yeux une obligation immenfe, autant que réelle. Il voyoit dans les honneurs continuels, une tentation continuelle de vanité ; dans les richeffes, une tentation d'en abufer ; dans la collation des Bénéfices & les Ordinations, un compte terrible à rendre. Au milieu de l'agitation formée par ces penfées, il fe garda bien de vouloir fe conduire feul : il confulta ces Hommes de Dieu depuis long-temps accoutumés à faire le bien en Ifraël, & ils fe réunirent pour l'acceptation. Il eft vrai, lui difoit-on, les maux que feroit un Évêque feroient fans nombre & fans mefure, s'il fe laiffoit entraîner par l'efprit du monde ; tout deviendroit un danger pour lui, & un écueil inévitable. Mais les biens que peut faire un bon Évêque font infinis. Mais le fentiment de fa mifère étoit fi vif, l'impreffion de fon humilité fi profonde, qu'il lui reftoit des perplexités déchirantes. Il confulta un Miffionnaire excellent (1), bon efprit, Cafuifte profond, plein de lumières & de vertus, & ayant une connoiffance parfaite de tous les états. Il lui dit bien, comme les autres, qu'il pourroit faire de grands biens en qualité d'Évêque; mais il ajouta, que cet état fur-humain étoit plus que jamais environné de dangers; qu'il étoit facile d'oublier les règles; & qu'il pourroit bien lui arriver de s'y perdre, s'il détournoit un feul moment fes yeux de deffus fes devoirs.

Cette réponfe, fortie d'une bouche refpectable, l'effraya : il la rendit à ceux qu'il avoit d'abord confulté, & il en devint plus irréfolu. Cependant il fit de fon mieux, pour ne pas fe laiffer ravir la paix de l'ame, qu'il préféroit à tout. Bien perfuadé qu'il n'arriveroit rien fans une vue particulière de la Providence, il entra fans plus difputer dans les profondeurs de Dieu, comme dans une baie, où il fe mit à l'abri de ces vents, trop forts pour une ame accoutumée au calme. « Mon fort, dit-il à » Dieu, eft dans vos mains : je ne défire rien, » je ne refufe rien; & j'attendrai en paix ce » qu'il vous plaira d'ordonner. »

____

(1) M. Larroux, Chapelain de Garaifon.

C'eſt dans ce fonds ſi chrétien, qu'il puiſa les réponſes qu'il fit aux complimens de félicitation qu'on lui faiſoit de toutes parts.

« Je ne ſuis pas étonné, dit-il à une perſonne » qui lui avoit écrit à ce ſujet, que la nouvelle » de l'Évêché *in partibus* ſoit parvenue juſqu'à » vous : toute la Ville en eſt pleine : Voici la vé» rité. Je crois que M. l'Archevêque en a formé » le projet, qu'il en a parlé à M. le Cardinal, » & qu'ils ſont convenus de l'exécuter dans » ſon temps. Mais je crois qu'il n'y a rien de » fait ; que le projet dépend d'un grand nombre » de circonſtances qui peuvent manquer. Voilà, » ſelon ma manière de penſer, la ſubſtance » du tout … L'eſſentiel, c'eſt qu'il importe » peu d'être dans une place ou dans une autre, » mais uniquement dans celle qui me ſera » fixée par le Seigneur ; & que dans le cas où » cela auroit lieu, je ne perde pas mon ame. »

Cette Lettre étoit une prophétie. La circonſtance la plus néceſſaire à l'exécution du projet, étoit la vie de M. de Montillet, Archevêque d'Auch ; & le Seigneur appela à luî ce grand Prélat, au moment où il alloit retourner dans ſon Diocèſe, & mettre la dernière main à l'affaire.

Ce Prélat en mourant, ouvrit mille & mille

sources de larmes. Il avoit eu le temps de renouveler son Diocèse tout entier : il y avoit bien peu de Prêtres qu'il n'eût ordonnés, ou placés de sa main. Tout son Clergé trouvoit en lui un père & un ami ; toutes les familles honteuses, une ressource ; tous les pauvres, un secours prêt ; la Religion, un appui ; la piété, un aiguillon & un modèle ; tous les biens, un chaud protecteur : il avoit donné aux Temples la décence ; une barrière aux doctrines nouvelles, & à l'innocence de mœurs un insurmontable rempart. Le Laïc, comme l'Ecclésiastique, lui devoit tribut de vénération pour ses vertus ; presque tous, un tribut de reconnoissance pour ses bienfaits. Quand on le sut malade & en danger, on se précipitoit dans les Temples, pour demander sa conservation. Chaque Courrier étoit attendu avec une impatience mêlée de crainte & d'espérance ; & selon les nouvelles reçues, la tristesse se peignoit sur le front, ou la joie s'y déployoit ; & c'étoit sur ce front triste ou joyeux, que le Peuple lisoit l'intéressant Bulletin de l'Archevêque bien-aimé. Mais ceux qui étoient accoutumés à l'approcher de plus près, ceux qui avoient à sa confiance une

part plus intime , étoient dans une véritable
défolation. Celui de fes Grands Vicaires qui
étoit près de lui à Paris , dans fes derniers
momens , fentit ouvrir dans fon cœur une
plaie qui ne s'eft jamais bien fermée , & qui
ne fe fermera jamais bien. Ceux qui étoient
reftés à Auch étoient dans la plus vive amertume ; & l'on fent bien que la douleur de
l'Abbé de Laroque ne cédoit point à leur
douleur.

Il vit toutefois cet événement en Dieu ,
dont il adoroit les décrets. Il donna des larmes
en ame fenfible & reconnoiffante ; il baifa en
Chrétien la main qui le frappoit ; & fans le
moindre regret il vit s'évanouir le projet de
fon élévation à l'Épifcopat.

Pour montrer fon ame dans une circonftance
fi pénible à la nature , nous copierons ici la
réponfe qu'il fit à une Religieufe qui lui avoit
écrit à ce fujet.

« Je vous écris à la hâte, ma très-chère Fille,
» pour vous tranquillifer fur mon compte &
» fur celui de M. Caffagnoles. Vous penfez
» bien que nous avons été confternés l'un &
» l'autre de la mort de notre Archevêque. Il
» a verfé bien des larmes , & moi vraifem-
» blablement davantage. Mais enfin , que

» voulez-vous ? Ne faut-il pas que la volonté
» du Seigneur s'accomplisse ? Est-ce à nous d'y
» résister , ou de ne pas y acquiescer ? Ce qui
» nous reste à faire , c'est de prier pour le
» repos de son ame , & pour demander au
» Seigneur un Successeur qui soit digne de lui,
» & qui soutienne le bien qu'il a fait. Par sa
» mort , tous les projets relatifs à moi sont
» renversés , & en cela il n'y a pas un grand
» mal, mais plutôt il y a un très-grand bien ;
» & je reconnois aisément que ce n'étoit pas
» la volonté du Seigneur qu'ils eussent leur
» exécution. »

Sur ce dernier point, il écrivoit à une autre
personne en ces termes : « Pour ce qui est
» de l'Évêché *in partibus*, il est clair que tout
» est manqué ; mais il est très-vrai aussi que
» loin d'en avoir de la peine , j'en ai au
» contraire une véritable satisfaction. »

Au moment presque où M. l'Archevêque
d'Auch mouroit à Paris , le Prévôt de la Métropole mouroit à Auch. C'étoit M. l'Abbé d'Aignan
du Sendat , connu & digne de l'être par la
douceur de ses mœurs, par un mérite soutenu,
qui lui avoit mérité l'estime singulière de M.
de Montillet , si connoisseur en fait de talens
& de vertus , & enfin par une œuvre immor-

telle, la fondation de nos Retraites d'Auch.

La Prévôté, qui vaqua par sa mort, vaqua en régale. C'est le premier Bénéfice de l'Église d'Auch ; & on peut dire qu'après les Évêchés, il est aussi le premier de la Province ecclésiastique.

On jetoit les yeux sur l'Abbé de Laroque, pour remplir cette place éminente ; mais on sentoit qu'il étoit naturel au nouvel Archevêque (M. d'Apchon) de la demander pour un Grand Vicaire qu'il menoit avec lui, qui devoit être son homme de confiance, & qui la méritoit. C'étoit l'Abbé Colas. M. d'Apchon demanda donc la Prévôté, ou plutôt elle lui fut offerte. Cependant l'Abbé de Laroque avoit ici un avantage sur l'Abbé Colas : il étoit Membre du Chapitre, & l'Abbé Colas ne l'étoit pas, ce qui pouvoit augmenter pour le premier les agrémens de cette place, & les diminuer pour l'autre, sans aucun rapport au mérite personnel, qui étoit infini dans tous les deux.

Dans ces circonstances, on crut pouvoir demander à M. d'Apchon de faire tomber sur l'Abbé de Laroque la Prévôté destinée à l'Abbé Colas, & sur celui-ci l'Archidiaconé de celui-là. Cet arrangement parut convenable ; mais avant qu'il n'eut son exécution, l'Abbé de Laroque écrivit à l'Abbé Colas, pour lui observer que son Archidiaconé n'étoit ni aussi honorable, ni tout-à-fait aussi riche que la Prévôté. Cette Lettre & la réponse de l'Abbé Colas, qui prouvent également la délicatesse de l'un & le désintéressement de l'autre, n'empêcherent pas que l'affaire ne fût conclue conformément au projet.

Les regrets furent vifs dans l'Archidiaconé de Sos, lorsqu'il perdit l'Abbé de Laroque ; mais bientôt l'Abbé Colas sut réparer la perte qu'on y faisoit, & par son mérite personnel, & par ses dons.

L'Abbé de Laroque devenu Prévôt, ne changea rien à son existence. Aucune morgue, aucune superfluité, aucun faste ne vint décorer sa nouvelle dignité. Toujours égal à lui-même dans la variation des places & des revenus, il fut Prévôt humble, comme il avoit été humble Archidiacre ; aussi simple dans ses meubles & dans ses habits, pour ne pas dire aussi pauvre. Il ne quitta point le Séminaire, où il vécut en simple particulier comme auparavant, & où, à l'abri de toute dépense, il pouvoit économiser pour les bonnes œuvres & pour les pauvres ; car il ne faut pas oublier que c'eſt pour eux ſeuls qu'il ſe permettoit d'économiſer. Tout ce qu'il crut pouvoir & même devoir ſe permettre, ce fut de payer une penſion plus forte, pour avoir droit de retenir à manger, les Prêtres qui venoient lui rendre viſite, ou lui demander des déciſions & des pouvoirs.

Et certes, il avoit raiſon de mettre cet emploi de ſes revenus au nombre des plus ſaintes œuvres ; & il ſeroit à ſouhaiter que les Prêtres amenés par des affaires dans les Villes épiſcopales, y trouvaſſent un aſile plus convenable pour eux qu'une auberge, dans un temps ſurtout où il n'eſt preſque plus poſſible qu'ils y logent avec décence. Eh ! quelle préſence, plus que la leur, pourroit honorer la table d'un Séminaire, d'un riche Eccléſiaſtique, ou d'un Évêque !

L'éloignement où le Séminaire eſt de l'Égliſe, & même de la Ville, ſembloit exiger que le nouveau Prévôt le quittât ; mais ce qui n'étoit qu'un ſoulagement perſonnel à lui, n'entroit pas même dans ſa tête, loin de lui entrer dans le cœur. Aller à l'Égliſe, durant ſix mois tout au moins, avant le jour, ne trouver qu'un chemin difficile & plein de boue, ſouvent être mouillé juſqu'aux os, tout cela ne le touchoit pas. Une autre vue au moins devoit vous toucher, vénérable Prévôt! Lorsque vos occupations & vos bonnes œuvres vous forçoient de vous retirer à des heures indues, que ne risquiez-vous pas de la part de ceux à qui les fruits de votre zèle étoient à charge? Vous ne pouviez ignorer leur mécontentement & leurs menaces. . . . . .

Mais il comptoit plus sur Dieu, que sur la prudence de la chair. Il marchoit simplement, & dès-lors confidemment. Les représentations de ses parens & de ses amis, sur cet objet, n'étoient pour cet homme de Dieu que des voix humaines qui n'alloient pas jusqu'à lui, & deux ans à peu près se passèrent dans cet état.

C'est à cette époque que le respectable Supérieur, cet Abbé Cassagnolles qui avoit gouverné le Séminaire avec tant de sagesse, en sortit lui-même. Son grand âge & son pressant besoin de repos ne lui permettoient plus, sans un péril évident de sa vie, de remplir ce poste important : il pouvoit d'ailleurs se démettre sans nuire au bien de la chose. Sous ses yeux s'étoit formé un nouveau Supérieur, l'émule de ses vertus comme de ses talens, digne enfin de tenir sa place & de lui succéder. C'est à

cette époque, disons-nous, que l'Abbé Caffagnolles quitta le Séminaire, & l'Abbé de
Laroque le quitta avec lui, & avec lui il alla
prendre un appartement & la table chez ce
vénérable Archidiacre dont la décifion l'avoit
fixé à Auch. Depuis long-temps une amitié
fincère, fondée fur l'eftime réciproque, &
cimentée par la vertu, ferroit de fes liens ces
trois cœurs, qui dans le fonds n'en faifoient
qu'un feul, parce qu'ils n'avoient que les
mêmes vues & la même volonté. Depuis la
mort de M. de Montillet, ils ne s'étoient prefque pas féparés ; & M. Campardon, pour jouir
de la fociété des deux autres, étoit allé manger
lui-même au Séminaire, prefque jufqu'au moment où ils fe réunirent tous dans fa maifon.
Cette réunion fut tout enfemble confolante
pour eux & édifiante pour le public. Il eût été
difficile de trouver fous le foleil un *Trio* femblable. Pour ne pas s'étendre fur cette déli-
cieufe & fainte fociété, on fe bornera à dire
qu'elle étoit pour fes Membres la récompenfe,
& pour les autres l'aiguillon de la vertu. On
y voyoit à la fois l'image du Ciel & le modèle
de la terre. Si le repas n'étoit pas, comme au
Séminaire, affaifonné par la lecture, il l'étoit
par d'édifiantes converfations qui la rempla-

çoient. On y prioit souvent les Ecclésiastiques de la Ville ; & le plus qu'on pouvoit, on y retenoit ceux de la Campagne. C'étoit pour tous les Prêtres du Diocèse un centre de réunion où ils aboutissoient avec plaisir, & dont ils ne sortoient qu'avec peine. Chacun y alloit déposer ses peines, chacun y alloit puiser les consolations & les encouragemens au bien. Instruits, & admirateurs sincères des vues de M. d'Apchon, ils les communiquoient avec succès. Tout y respiroit la régularité & la modestie. Le seul jeu qui avoit osé demander d'être admis dans cette Maison sainte, c'étoit le Trictrac, & ce n'étoit guère qu'en faveur des étrangers ; mais toujours si modéré, qu'il ne blessoit pas les règles les plus sévères. Les récréations communément se passoient à parler de ces nouvelles qui intéressent l'État, & auxquelles un bon Citoyen ne peut s'empêcher de prendre part, ou des affaires d'un vaste Diocèse, & des moyens d'en perpétuer l'innocence. Le soir à dix heures sonnantes chacun se retiroit dans son appartement, pour aller prendre un repos nécessaire au bien, s'il ne falloit pas expédier des affaires pressées.

Ce repos, tout nécessaire qu'il étoit, l'Abbé de Laroque avoit travaillé toute sa vie à l'abréger. Il auroit voulu pouvoir, comme le bien-heureux Pierre d'Alcantara, se réduire à un sommeil à peu près nul. On l'entendoit se promener les heures entières, au lieu de se coucher, pour se mettre, s'il l'avoit pu, au-dessus de ce besoin, le plus impérieux peut-être de la nature. Mais s'il ne pouvoit entièrement dompter le sommeil, il lui enlevoit du moins le temps qu'il pouvoit; & des heures qu'il lui retranchoit, il allongeoit ses journées, toujours trop courtes pour les bonnes œuvres qu'il avoit à y placer.

Au nombre de ces bonnes œuvres, il met-toit les bienséances qu'il étoit obligé de rem-plir, & les visites qu'il rendoit aux Personnes en place. Il disoit bien, comme St. Fran-çois de Salles, qu'il ne falloit s'approcher des Grands que comme du feu, & que cette maxime convenoit surtout aux Prêtres, mais il discernoit les circonstances qui comman-dent : outre qu'il honoroit en eux les images de Dieu, il vouloit concilier de la faveur aux projets de bien qu'il ne cessoit de former, & qui souvent ne pouvoient être exécutés que par leur crédit & leurs ressources. Il est trop ordinaire que ces visites dissipent, qu'elles enlèvent un temps précieux, & qu'elles prennent sur la fermeté sacerdotale : il est trop rare que la fréquentation du grand monde ne fasse quelque brèche à la vertu ; on n'y va sans doute que pour lui plaire, ou parce qu'il plaît : dans le premier cas, il faut souvent sacrifier les saintes maximes de l'Évangile ; dans le second, elles sont déjà sacrifiées. Comme les motifs de l'Abbé de Laroque étoient purs, qu'il ne se plaisoit pas dans le monde, & qu'il ne cherchoit pas à lui plaire, il étoit une exception à cette règle malheureusement trop générale. Par respect pour sa vertu, & par la profonde vénération qu'on avoit pour lui, on se taisoit en sa présence ; ou s'il échappoit à quelqu'un de parler mal, notre digne Prêtre vengeoit aussitôt la Religion ou la Charité outragée ; en sorte que dans pas un cercle, il ne perdoit rien pour lui-même, & le bien y gagnoit toujours.

Parmi toutes les preuves que nous pourrions produire de cette importante vérité, nous n'en rapporterons qu'une, qui devint publique. Il étoit un jour chez M. l'Intendant, où il se tint un propos que notre Prévôt improuvoit. Il le fit sentir, selon son usage, d'une manière très-honnête pour la personne qui l'avoit tenu, mais sans aucun ménagement pour le propos

lui-même. Malgré son adresse & la pureté de
ses vues, il déplut à la personne intéressée ;
mais M. l'Intendant applaudit tout haut à son
zèle & à son amour pour la vertu. « Voyez-
» vous, dit-il, l'Abbé de Laroque ? C'est un
» des hommes les plus aimables dans la so-
» ciété ; mais il soutient la vérité avec des
» manières pleines de douceur & de force. »
Il en faut en effet beaucoup pour prendre
bien, & bien défendre dans ces rencontres
les intérêts de la Religion, au risque de déplaire ; & ce trait fait voir encore combien
il est difficile de réussir, nouvelle preuve de
la nécessité de fuir un monde toujours en
opposition avec Jesus-Christ.

Notre vénérable Prévôt eut bientôt occasion
de montrer des vertus qu'il n'avoit pas été en
même de montrer encore. Dieu lui ménagea,
au sein de sa Famille, des sacrifices coûteux
& pénibles à la nature. La piété filiale &
l'amitié fraternelle devoient les mouiller, &
les mouillèrent en effet de leurs larmes. Il
perdit, dans un assez court intervalle, une
belle-sœur, un beau-frère, une sœur, & sa
tendre mère.

Son ame sensible s'attendrissoit assez pour
s'acquitter envers la nature, mais pas assez

pour réfister à la volonté de Dieu. Il donna aux uns & aux autres des foins durant leur maladie, & des pleurs après la mort : mais la mort de fa mère le toucha plus fenfible- ment, fans néanmoins affoiblir fa foumiffion. A peine fut-elle en danger, que ce digne Fils ne la quitta prefque plus : il l'avertit lui- même du péril où elle étoit, lui-même alla chercher fon Confeffeur, lui-même la pré- para à recevoir fon Dieu. Il la confoloit, il l'exhortoit, il lui infpiroit les fentimens que la circonftance rendoit plus néceffaires que jamais. Il faifoit couler les larmes de toute la famille, & lui foutenoit tant qu'il pouvoit le perfonnage d'un Miniftre qui veut mener à Dieu une ame chère. Quand fa qua- lité de fils commandoit des pleurs qu'il ne pouvoit plus retenir, il alloit les mêler en fecret à fes prières, pour obtenir, par ce dou- ble tribut rendu au fouverain Domaine de Dieu, des grâces plus abondantes à fa mère mourante. Malgré tout ce qu'il en coûtoit à fon cœur, on ne put l'arracher du lit lugu- bre ; il voulut être préfent à l'Extrême-Onc- tion, & il fit lui-même plufieurs fois les prières de l'agonie... Quand fa mère fut morte, il lui ferma lui-même les yeux en inondant de larmes les siens propres. Il recommanda son ame à Dieu, il offrit le même jour le sacrifice pour elle, il demanda des Messes aux Prêtres ses amis ; & aux saintes Ames qu'il dirigeoit, des Communions. Ces pieux devoirs remplis, il eut la force de se rendre au Confessionnal, ne voulant rien accorder à la nature aux dépens du zèle, ni frustrer les désirs de ses Pénitens, que la maladie de sa mère avoit un peu retardés. On sentoit la violence qu'il se faisoit ; mais cela même rendoit sa fermeté plus édifiante & son zèle plus touchant : « Que voulez-» vous que je vous dise, repondoit-il à une » personne qui lui avoit écrit une Lettre de » condoléance, que voulez-vous que je vous » dise de tous les coups qui frappent depuis » quelque temps notre famille ! Je menti-» rois si je vous disois que j'y suis insensi-» ble ; mais aussi je ne vous dirois pas la » vérité, si je vous disois que j'en ai été trou-» blé, déconcerté, & même extraordinaire-» ment affecté. J'ai tâché de prendre pour » moi ce que j'aurois dit à un autre : je suis » dans ce principe qui est clair, que rien » ne se fait sans la volonté du Seigneur qui » voit tout & qui dirige tout. Voulez-vous

» que je m'y oppofe , & même qu'en un
» certain fens qui eft très - véritable , je ne
» l'aime pas, je n'y acquiefce pas ? Je vous
» avouerai confidemment que la conformité
» à la volonté de Dieu , eft une des vertus
» que j'aime davantage , & pour laquelle je
» me fens plus de facilité & plus d'inclina-
» tion ».

Voilà l'homme qui a pris racine dans la
volonté du Seigneur. Il refte fenfible , parce
qu'il refte homme ; mais il fait de fa fen-
fibilité un facrifice à Dieu, parce qu'il eft
chrétien. Sa volonté propre n'exiftant plus
que dans celle de Dieu, il ne voit plus que
là tous les événemens de la vie : jamais fes
vertus ne peuvent dégénérer en défauts, parce
que la très-fainte volonté de Dieu en eft la
fource & la règle ; il eft parvenu à la mefure , ou plutôt il a atteint le faîte de toutes les vertus humaines , & il n'en eft plus
qui ne foit divinifée par le motif.

Toutes les entreprifes de l'Abbé de Laroque
porterent fur cette bafe. Il combinoit à la
vérité, il agiffoit comme fi tout eût dépendu
de lui; mais cela fait, il demeuroit en paix,
attendant le fuccès de Dieu feul : & quand
le fuccès ne répondoit pas à fes mefures, il

ne perdoit rien de fa tranquillité. Il pouvoit dire comme St. François de Salles : « Qu'eft-ce » qui pourroit ébranler notre paix ? Certes, » quand tout bouleverferoit fans deffus def- » fous, je ne tremblerez pas ; car, que vaut » tout le monde enfemble en comparaifon » de la paix du cœur » ? Sentiment fublime, qui n'a rien de commun avec l'indifférence philofophique, & qui eft bien loin d'en mériter l'anathème. L'indifférence philofo-phique eft une infouciance qui dédaigne d'a-gir ; & le fentiment dont nous parlons, eft une fainte dépendance de l'Être Suprême, qui n'a rien d'oppofé au zèle & aux géné-reux efforts : celle-là fe concentre en elle-même, & forme l'égoïfme ; celui-ci fe con-centre en Dieu, & forme la foumiffion. En un mot, celle-là eft un vice, & celui-ci une vertu.

L'œuvre des pauvres, dont l'Abbé de Laro-que avoit déjà jeté les fondemens, leur fub-fiftance & leur éducation chrétienne & civile, lui tenoient toujours fortement au cœur. Il méditoit fur les moyens d'avoir des fonds qui en affuraffent la ftabilité qu'elle n'avoit pas encore. Il en avoit déjà conféré plufieurs fois avec M. d'Apchon, Archevêque d'Auch,

& il ne ceſſoit de s'en entretenir avec Dieu & avec le Prélat voué au bien.

S'il avoit voulu laiſſer cette œuvre dans l'état où elle étoit alors, peut-être auroit-il ſuffi des reſſources actuelles, ſans chercher ailleurs de nouvelles reſſources ; mais la conſiſtance & l'étendue qu'il avoit intention de lui donner, exigeoient de plus grands moyens.

Juſques-là cette fondation n'avoit eu d'autre objet que l'entretien & l'éducation des filles pauvres, arrachées au double péril de l'oiſiveté & de la mendicité. Le Fondateur portoit plus loin ſes vues ; il vouloit aſſocier à cette fondation, un Penſionnat & une École pour les Demoiſelles, une École pour les Artiſannes, & enfin une Manufacture. Dans ſon plan, cette Manufacture ne devoit pas abſorber tout le temps ; outre ce qu'il en falloit pour les exercices de la Religion, il en falloit auſſi pour apprendre la couture, le blanchiſſage, les ſoins journaliers du ménage, &c.

Juſques-là cette œuvre n'avoit été conduite que par des Directrices particulières qui ne tenoient à aucune Congrégation, & il ſentoit combien il étoit difficile d'en bien aſſurer par-là la ſtabilité. Ce n'eſt pas qu'il lui reſtât quelque choſe à déſirer du côté du mérite perſonnel, & de la bonne conduite des Demoiſelles qui dirigeoient cette précieuſe Maiſon, & on nous permettra bien de rendre ici un hommage public à leur mémoire. Cet hommage ne ſera ni déplacé, ni étranger à la vie de l'Abbé de Laroque. On verra au contraire dans le bon choix qu'il avoit fait, & ſa grande ſageſſe, & la marque viſible du doigt de Dieu qui l'aſſiſtoit en tout.

La première Directrice fut Mademoiſelle Fontaine, d'une maiſon honnête & bourgeoiſe de la ville d'Auch. Sous le bon plaiſir & la protection de M. de Montillet, Archevêque, à l'inſtigation & ſous les auſpices de M. l'Abbé de Laroque & de M. l'Abbé Campardon, elle ſe chargea, à l'âge de vingt ans, de la conduite de douze ou quinze filles pauvres, dans l'objet de les arracher à la mendicité la plus périlleuſe & la plus effrayante pour les mœurs, & de les former à un travail lucratif. Elle ſe mit en poſſeſſion d'une maiſon, achetée pour cette bonne œuvre par M. l'Abbé de Laroque & M. l'Abbé Campardon, en la ſomme de ſeize mille livres.

Une grande innocence, une humilité à toute épreuve, des vues ſaines pour le bien,

& le courage de le faire malgré les cris de la malignité, qui eſt peut-être la plus cruelle perſécution qui exiſte, avoient préparé Mademoiſelle Fontaine à cette entrepriſe ; la patience, la confiance en Dieu, & les reſſources fournies par les Fondateurs l'y ſoutinrent. Un Prêtre plein de zèle & de piété, M. Souquere, avoit formé cette excellente Fille à la vertu. Il eſt bien juſte de le nommer, en parlant d'une œuvre à laquelle il prit tant de part par ſes déſirs, ſes prières & ſes ſoins, & en fourniſſant d'ailleurs cette Fille qui fut long-temps l'ame & la bonne odeur de cette Maiſon. Elle ſe regarda d'abord comme la mère de ces pauvres Filles, elle pourvoyoit aux beſoins de l'ame & aux beſoins du corps. Bientôt elle gagna leur confiance & celle du Public : cette Maiſon devint l'aſile non-ſeulement des Filles pauvres, mais encore d'un nombre de jeunes Garçons ramaſſés dans les rues, ſans aucun mélange de deux ſexes, avec un ſoin égal de tous. Ne pouvant pas ſuffire ſeule à cette beſogne plus que doublée & diſparate, on lui donna pour compagne & pour aide Mademoiſelle Martin, qui étoit auſſi d'une famille honnête & bourgeoiſe de la même Ville. C'étoit une autre fille à mérite rare, digne de l'œuvre qu'on lui confioit.

La première eut le titre de Supérieure, titre qu'elle ne regarda pas comme un honneur, mais comme une obligation plus forte & plus preffante d'être la fervante de tous. Inftruire avec zèle, corriger avec bonté & fermeté, obferver les befoins, procurer le néceffaire, veiller fur les mœurs, porter un œil attentif & même févère fur le lever, fur le coucher, & fur tous les endroits où fes nouveaux enfans pouvoient fe trouver enfemble loin des Maîtreffes, les tenir nets, quoiqu'ils n'euffent que des haillons & en petite quantité, les peigner elle - même, c'étoient les foins de la nouvelle Mère, & ce font les foins néceffaires de tous les Supérieurs en ce genre.

Cet établiffement ne pouvoit qu'intéreffer le public & lui plaire, puifqu'il alloit à fa décharge, il le goûta. Le nombre des perfonnes fecourues croiffoit de jour en jour : il y eut des années malheureufes où cette Maifon fut la reffource de plus de cent néceffiteux de tout fexe & de tout âge. Les grandes perfonnes recevoient du Bureau de charité une certaine quantité de pain, & on leur laiffoit auffi la moitié du produit de leur travail. Les autres étoient nourris aux dépens

de

de leur travail & de la charité. Cette charité,
quoique très-abondante, laissoit toujours entre-
voir des besoins auxquels il ne seroit pas
humainement possible de satisfaire ; mais cette
vue ne déconcertoit pas les Directrices. En-
couragées par les paroles pleines de feu, par
l'exemple & la générosité de l'Abbé de Laroque, elles mettoient en Dieu leur confiance,
& leur confiance n'étoit pas trompée.

Pour ajouter au mérite des Directrices,
Dieu voulut ajouter à leurs travaux & à leurs
épreuves. La première d'elles tomba malade ;
& quoiqu'elle n'interrompit ni ses exercices
de piété, ni les soins qu'elle pouvoit prendre du nouvel établissement, la seconde n'en
fut pas moins excédée de peine & d'un sur-
croît de travail. Cette maladie très-fatiguante,
fut suivie d'un mal de poitrine qui l'enleva
après un an entier de souffrance. Durant sa
maladie, elle n'avoit pas cessé ou d'aller,
ou de se faire porter au laboratoire des pauvres, où sa présence étoit aussi utile que
consolante. Aux approches de la mort, elle
avoit voulu voir en particulier chacune de
ses Filles, & leur donner des avis relatifs à
leurs besoins. Ces avis que la circonstance
de sa mort rendoit plus touchans, frappoient

L

d'autant plus au but, qu'elle s'étoit plus appliquée à les connoître.

Sa mort sembloit menacer de la chute de l'œuvre, & l'Abbé de Laroque sentit plus que jamais la nécessité de la lier à une Congrégation qui ne meurt pas, pour en assurer la durée. C'étoit ce qui avoit frappé M. de Montillet au premier coup d'œil, & ce qui l'avoit déterminé aux démarches dont nous aurons bientôt occasion de parler. Mais cette idée, toute juste qu'elle étoit, présentoit des grandes difficultés : il s'agissoit de trouver une Congrégation qui voulût non-seulement soutenir l'œuvre commencée, mais la soutenir dans la forme qu'elle avoit d'abord reçue, & à laquelle Dieu avoit mis le sceau de son approbation par les bénédictions qu'il y avoit répandues. Il falloit, selon le projet de l'Abbé de Laroque, allier l'œuvre des pauvres, avec l'éducation des Demoiselles & des Artisannes. Il falloit, dans une même Maison, avoir des Pensionnaires de deux ordres différens, & éviter une communication qui auroit pu déplaire aux parens, & nuire au bien. Il falloit faire dans le matériel même de la Maison, des changemens considérables, & augmenter encore les frais par des augmentations nécessaires ; il falloit plus de linge, plus d'uſtenciles, plus de meubles : il falloit des fonds aſſurés pour les Maîtreſſes, & munir l'établiſſement du ſceau de l'autorité royale.

Les plus chauds Amis de l'Abbé & les mieux intentionnés, des Hommes d'une généroſité déjà ſouvent éprouvée, & qui ne regrettoient rien pour le bien, quand ils en voyoient ſeulement la poſſibilité, lui repréſentoient qu'il alloit trop entreprendre, & qu'il étoit à craindre qu'en voulant donner une trop grande extenſion à cette œuvre, il ne la fît tomber totalement ; qu'en la rendant plus compliquée, il falloit néceſſairement une foule de moyens qui ne s'offroient pas. L'Abbé de Laroque ſentoit tout cela ; & il étoit d'autant plus affecté de ces raiſons, qu'elles venoient de la part de ceux même dont il connoiſſoit le zèle, & qui avoient, à juſte titre, le plus grand aſcendant ſur lui : cependant il avoit appris à eſpérer contre toute eſpérance, l'argent ſembloit ſe multiplier dans ſes mains, & il lui paroiſſoit à lui-même incompréhenſible d'avoir pu juſques-là ſuffire à tant de beſoins. Le paſſé ſembloit lui répondre de l'avenir, & je ne ſai quel ſentiment intime lui diſoit de ne pas s'arrêter aux difficultés.

Un jour qu'il ouvroit son ame à M. d'Apchon, & qu'avec sa franchise ordinaire il lui communiquoit ses projets, ses craintes & ses espérances, ce Prélat lui dit : « Poursuivez, mon cher Abbé, vous en viendrez à bout, & je me prêterai moi-même à l'œuvre que vous projetez ». Il crut dans la voix de ce saint Archevêque, entendre la voix de Dieu même, & il agit avec autant de confiance, que si déjà il avoit vu de ses yeux le succès.

Il n'étoit plus question que de la Congrégation à laquelle on donneroit la préférence. Déjà, du temps de M. de Montillet, on avoit fondé les Demoiselles de la Providence ; & ces Demoiselles, de peur de ne pouvoir accorder avec leur Institut l'œuvre des pauvres, s'étoient refusées aux offres qu'on leur faisoit. M. d'Apchon, qui n'ignoroit pas ce qui s'étoit passé, & qui goûtoit singulièrement l'état des Filles de la charité, crut devoir frapper à cette porte ; & cette Maison lui sembloit d'autant plus faite pour elles, qu'on y faisoit le bouillon pour les pauvres Malades des Paroisses. Mais des circonstances très-étrangères au mérite si connu de ces Filles, immortelles par les services qu'elles rendent à l'humanité, n'ayant pas permis à leur Général d'entrer dans les vues du Prélat, il fallut se retourner d'un autre côté. L'Abbé de Laroque qui avoit eu occasion de connoître les Demoiselles de la Providence, & qui conservoit dans son ame une forte impression de leur mérite, les désiroit toujours avec ardeur. Il prouva qu'elles rempliroient parfaitement les objets qu'on vouloit réunir ; & comme on lui objectoit qu'elles avoient cru autrefois apercevoir entre leur Institut & l'œuvre des pauvres une incompatibilité réelle, & qu'il étoit fort vraisemblable qu'elles penseroient aujourd'hui de même, il répondit avec assurance qu'il vaincroit leur premier refus. Il le vainquit en effet, & M. l'Archevêque fonda trois places, M. Campardon une quatrième, & lui Abbé de Laroque une cinquième. Il alla à Toulouse prendre avec le Supérieur & la Générale de la Congrégation, les arrangemens & les mesures convenables, les obligations respectives furent rédigées ; & l'infatigable Prévôt, qui s'étoit donné tant de soins & de mouvemens pour cette affaire, eut enfin la consolation d'amener avec lui ces Demoiselles, qui devoient, selon ses projets & ses désirs, réunir les deux œuvres. Il man-

quoit néanmoins encore une chose nécessaire
pour donner à l'établissement un état légal
& une entière consistance, c'étoit des Let-
tres-patentes : elles coûtèrent des sollicitations,
des mémoires & de l'argent. L'Abbé de Laroque se chargea de tout ; il s'étoit accoutumé
à n'épargner ni argent, ni fatigue, ni sa bourse,
ni ses sueurs. Par-tout, si nous osons nous
servir de cette expression, il payoit de sa personne & de ses revenus. Eh ! que ne lui en
coûta-t-il pas aussi pour donner à la Maison les commodités & la salubrité nécessaires. Il y étoit presque sans cesse pour pres-
ser les ouvriers & hâter l'ouvrage : les Maîtresses furent logées comme il convient à des
personnes qui se sacrifient au bien public ;
le Pensionnat des Demoiselles fut décent &
bien aéré, les Classes bien entendues, & le
lieu destiné au laboratoire des Filles pauvres,
sembla l'emporter sur tout le reste de la Maison.
Au bout d'une Salle très-vaste, dans une
heureuse situation éloignée du tumulte &
du danger des rues, est un Oratoire pour y
faire la prière en commun, un Réfectoire
honnête à côté de la Salle, & tout près de
l'un & de l'autre la chambre de la Maîtresse
qui doit présider à l'ouvrage de ces Filles &
les surveiller.

Pour procurer à toute la Maison l'inestimable avantage d'entendre la Messe tous les jours sans perte de temps pour l'éducation & les ouvrages, il désira qu'il y eût une Chapelle, & il la mit à portée de tout, quoique dans un endroit retiré selon le vœu des Canons. Il fit cette Chapelle point riche, il ne le pouvoit pas, mais très-décente & très-propre. Jamais il ne parut si content que le jour qu'il en fit la bénédiction, sous l'invocation de St. François de Salles, & qu'il y dit la première Messe. Ce lieu est véritablement un lieu de recueillement & de prière : c'est là que les Maîtresses entendent la Messe avec les Élèves ; c'est là qu'on prie en commun ; c'est là que les méditations se lisent & que les oraisons se font. Là se préparent les confessions, & là aussi elles sont entendues ; là enfin les Maîtresses ont le bonheur de faire leur Communion les jours ouvrables, sans perdre presque un moment. Mais cette Chapelle ne préjudicie en rien aux droits de la Paroisse & aux obligations des Paroissiens. Les Demoiselles de la Providence par leur institut même y tiennent essentiellement, & les jours de Dimanche & de Fêtes elles mènent toute la Maison à la Paroisse, soit pour la Messe, soit pour le Catéchisme ; & les Instructions qu'elles donnent elles-mêmes, ni celles qu'elles font donner, ne prennent rien sur celles qu'on fait à la Paroisse, où ces Demoiselles ne manquent jamais.

Les choses étoient en cet état, lorsqu'on voulut pour la seconde ou troisième fois, faire de l'Abbé de Laroque un Visiteur général des Carmélites de France ; & parce que les premières propositions qu'on lui en avoit fait, sembloient lui avoir laissé trop de liberté, on lui fit cette fois une espèce d'honnête violence. Sans le plus consulter, on lui écrivit la lettre du monde la plus pressante, & on lui envoya en même-temps de la part du Nonce le titre même de Visiteur.

L'Abbé de Laroque étoit par lui-même tout décidé à ne pas plus accepter cette fois que les autres ; mais il craignit d'agir seul, il consulta M. l'Archevêque & ses respectables Amis. Il leur exposa le pour & le contre comme il le voyoit : « J'aimerois bien, leur dit-il, à » traiter avec des personnes consommées dans » la spiritualité ; & outre cette pente, je » sens très-fort l'avantage qui en reviendroit » à mon ame, mais d'autres raisons m'éloi- » gnent. Une multitude de lettres dont le

» port eſt cher ; une multitude de réponſes
» pas toujours faciles, & qu'il faut faire ſur
» le champ, car ces ſaintes Filles ne veulent
» pas de retard à leur piété ; des voyages longs
» & multipliés, qu'il faut faire tous les ans
» pour viſiter ces belles tentes de Jacob, ou
» d'Élie ſi vous voulez ; tout cela prendroit
» ſur mon temps, ſur mes œuvres, ſur mes
» revenus ; je ſai bien que pour la dépenſe,
» on m'a fait entendre qu'on y pourvoiroit,
» mais c'eſt une raiſon de plus pour m'éloi-
» gner, & le remède me ſembleroit pire que
» le mal. Je ſuis content de ce que j'ai, &
» un Bénéfice ajouté me donneroit de gran-
» des ſyndérèſes, ne s'offrit - il que comme
» dédommagement ou comme moyen : il
» me faudroit donc lutter contre des biens
» & des dignités que je ſuis trop heureux
» de n'avoir pas ».

Voilà bien juſqu'au bout l'Abbé de Laroque & ſa ſaine manière de penſer ſur la pluralité des Bénéfices : & véritablement, ſi on
veut bien nous permettre de le dire, nous
ne concevons pas par quel renverſement de
règle on ſe permettroit d'en déſirer, ou d'en
poſſéder plus qu'il n'en faut pour un entretien, je ne dis pas mondain, mais Ecclé-

fiaſtique. Hélas ! preſque toujours on a eu
trop quand il faut mourir.

M. l'Archevêque & les Amis de l'Abbé de
Laroque goûtèrent ſes raiſons ; & de leur
avis comme du ſien, il pria M. le Nonce
de trouver bon qu'il n'acceptât pas ce titre
flatteur dont il ſe diſoit indigne, & qui d'ailleurs ne pouvoit s'allier avec les œuvres dont
il étoit chargé dans le Diocèſe d'Auch.

Malgré la naïveté qui règne dans l'expoſé
de l'Abbé de Laroque ſur les raiſons de ſon
refus, nous ſeroit-il permis d'en avoir tû une
ſupérieure, qu'il n'étoit obligé de dire, &
qu'il pouvoit très-légitimément garder pour
lui ſeul. Nous allons rendre compte de nos
motifs, & nous les ſoumettons volontiers au
jugement du Lecteur.

Dans ce temps-là à peu près l'Abbé de
Laroque avoit écrit à l'Abbé de Sept-Fonts
pour lui demander une place dans ſon Monaſ-
tère ; nous le ſavons par une réponſe de cet
Abbé, trouvée parmi ſes papiers. Réponſe
qui, ſans lui accorder ce qu'il demandoit dans
ce moment, lui laiſſoit pourtant des eſpé-
rances pour l'avenir : « Vous n'avez pas fait
» encore dans le monde, lui répondoit cet
» Abbé, tout le bien que Dieu exige de

» vous avant que vous ne le quittiez, & le
» moment de vous enfermer avec nous n'eſt
» pas venu encore pour vous ». Quand l'Abbé
de Laroque refuſa le titre de Viſiteur, ne ſe-
roit-ce pas qu'il ne vouloit pas mettre à l'exécution de ſon projet un obſtacle de plus ?

Quoiqu'il en ſoit de notre conjecture, il
paroît au moins par cette anecdote importante de la vie de l'Abbé de Laroque, que
quoique bien plein de confiance en Dieu,
il ne laiſſoit pas que de bien craindre ſes
jugemens, & qu'il penſoit très-ſérieuſement
à mettre entre la vie & la mort un intervalle
durant lequel il pût dans une ſolitude, &
parmi les auſtérités de la pénitence, expier
ſes fautes, ſur-tout celles qu'il faiſoit, diſoit-
il ſouvent, dans l'exercice du Miniſtère : car
c'eſt principalement celles-là qui l'occupoient
& qui lui faiſoient plus de peine. Ne nous en
étonnons pas : il lui auroit manqué un trait
inſtructif & frappant de reſſemblance avec
les plus ſaints Prêtres de tous les temps, s'il
n'avoit pas redouté la charge de Confeſſeur,
& le poids terrible du Miniſtère.

Il eſt bien vrai que ſi quelqu'un pouvoit
ſe raſſurer contre les dangers qui environnent
de toutes parts les Juges aſſis ſur le Tribunal

de la pénitence , & exercer sans trembler un
Ministère qui , selon un grand Docteur & un
grand Saint , seroit redoutable aux Anges
même , ce seroit sans doute l'Abbé de Laroque,
lui qui n'avoit que des vues pures , des intentions droites , & qui y apportoit en même-temps l'innocence , les lumières , le zèle
& la piété. Mais qui ne tremblera en pensant qu'il n'exerce pas les jugemens & la
justice de l'homme , mais le jugement &
la justice de Dieu ; en pensant que tous ses
jugemens se tourneront pour ou contre lui-
même ? D'ailleurs les Saints se rendent-ils &
doivent-ils se rendre justice , & ne doivent-
ils pas , en coopérant au salut des autres ,
opérer le leur propre avec crainte & trem-
blement ? Ainsi St. Paul , après avoir prêché
& converti tant de Peuples , craignoit-il lui-
même d'être réprouvé. C'est aux Prêtres trop
tranquilles , aux Prêtres qui ne trouvent des
difficultés ni pour autrui, ni pour eux-mêmes , à sentir l'extrême péril de cette sécurité.
Toutefois les peines & les craintes de l'Abbé
de Laroque ne le détournoient pas des fonctions du Ministère : s'abandonnant à Dieu pour
le temps & pour l'éternité , il vouloit dans
le sens de l'Apôtre être anathème pour ses

frères , & les arracher au danger en s'exposant lui - même. La réponse de l'Abbé de Sept-Fonts fut pour lui un ordre du Ciel ; & en attendant le moment de Dieu , il continua de se livrer aux périlleuses fonctions de notre état. Puissent les Prêtres trop timides s'encourager au bien & suivre cet exemple ! Dans un temps sur-tout où la moisson abonde bien plus que les Ouvriers !

La maison qu'il venoit d'affermir sur une base durable , devint de plus en plus l'objet de ses soins les plus assidus. Il sentoit que tout dépend des commencemens , & on eût dit que son pouvoir de faire le bien alloit être court ; il se hâta de le mettre à profit , & il traça par sa conduite même , le plan de ce qui devoit être fait après sa mort. D'ailleurs le Public accoutumé à l'ancienne forme établie sous les Demoiselles Fontaine & Martin , ne goûtoit pas encore assez la forme nouvelle & toute récente dont l'époque commençoit aux Demoiselles de la Providence. Il falloit montrer au Public l'avantage réel qui lui revenoit de cette nouvelle forme , & la préférence qu'elle méritoit sur l'ancienne. Il falloit encourager les nouvelles Maîtresses , leur applanir les voies , & leur adoucir les pei-

nes inséparables des nouveaux établissemens.
Dans cette vue l'Abbé de Laroque alloit souvent à sa chère Maison de la Providence ;
il prévenoit les besoins, il partageoit les désa-
grémens & les fatigues, il instruisoit aussi,
il catéchisoit les Élèves, il examinoit fréquemment les devoirs & les progrès, il ai-
guisoit l'émulation. L'estime de l'Abbé de
Laroque pour les Demoiselles de la Providence, croissoit à mesure qu'il les voyoit de
plus près, & qu'il les connoissoit davantage.
Il étoit de son côté leur appui, leur conseil,
leur consolateur & leur père ; elles étoient
du leur son espérance, sa joie & sa couronne.
Toutes étoient ses filles en Dieu, & presque
toute la Maison s'adressoit à lui pour la direction : des Écoles nombreuses s'élevèrent, &
le Pensionnat se remplit. Chaque Classe reçut
une éducation convenable ; les Artisannes apprirent à lire, à écrire, à compter ; on leur
montra aussi les ouvrages qui leur étoient
propres. Les Demoiselles apprirent les mêmes
choses, & de plus l'Histoire-Sainte, la Géogra-
phie, la Broderie, la Musique. Les Pauvres
apprirent à gagner leur vie ; toutes reçurent
des leçons utiles de ménage, & sur-tout des
leçons de religion. Cette partie de l'éduca-

tion aujourd'hui très-négligée, quoique la plus intéressante, puisqu'elle est la base des mœurs, des bons ménages & de la société même, occupoit une place distinguée dans le plan de l'Abbé de Laroque, & il eut la douce consolation d'en voir les fruits avant sa mort. Nous aimons à nous persuader, & notre propre expérience nous a fait voir qu'ils croissoient de jour en jour : nous avons vu des Vicaires-Généraux étrangers visiter avec complaisance toutes les parties de cet établissement, en admirer les détails & l'ensemble, & en désirer de semblables dans leurs Diocèses respectifs. Mgr. l'Archevêque d'Auch actuel l'a trouvé digne de son approbation & de sa faveur ; & en accordant l'un & l'autre ainsi que ses secours, il a mis le sceau à son utile existance. Sans nous étendre davantage, nous assurerons avec une entière confiance que cette Maison respectable mérite à tous égards la confiance publique.

Cet établissement, tout intéressant & tout capable qu'il étoit d'absorber tout entier un homme ordinaire, ne l'occupa pas au point de lui faire négliger une seule de ses bonnes œuvres. Il régloit tellement son temps, qu'il menoit de front tous les objets ; & on peut dire qu'il faifoit lui feul, ce qui auroit fort honnêtement occupé cinq ou fix Prêtres.

Comme Grand Vicaire, il étoit chargé d'un département considérable dans le Diocèfe, chargé de la correspondance avec tous les Prêtres réfidans dans les différens Archiprêtrés de ce département, obligé de faire le rapport de toutes les affaires qui y naiffoient, à une Congrégation qui fe tenoit régulièrement toutes les femaines, & qui étoit préfidée par M. l'Archevêque, fans parler des affaires imprévues qui vouloient être expédiées fur le champ.

Comme Confeffeur, dans une Ville où la piété fleurit, nourrie par la fréquentation des Sacremens, fouvent il étoit fix heures au Confeffionnal dans le même jour, fouvent il étoit obligé d'avoir des conférences particulières avec des perfonnes peinées, foit dans les différens Couvens, foit dans différentes Églifes, foit dans des maifons particulières; obligé d'ailleurs à donner des décifions fans nombre, foit à des pénitens étrangers qui venoient de loin pour le confulter fur l'état de leur ame, foit aux Confeffeurs eux-mêmes, qui, dans des cas difficiles, vouloient avoir fa façon de penfer, pour fe conduire. Outre tout cela, il n'étoit presqu'aucun temps de l'année où il n'y eut des malades dans la nombreuse tribu de ses Pénitens, & alors il leur faisoit des visites fréquentes. On l'a vu des années entières visiter tous les jours des infirmes habituels, qui ne goûtoient guère de consolation que celle de sa présence. Il marchoit la nuit comme le jour, sans distinction des riches ou des pauvres. Il ne distinguoit pas les hommes par les noms & les dignités, mais comme Jesus-Christ, par leurs maux & par leurs besoins. Pour n'avoir pas de témoin des biens qu'il vouloit faire, & pour ne donner aux personnes qu'il alloit consoler ou secourir aucun sujet de honte ou de peine, il ne prenoit pas même son domestique. L'obscurité de la nuit, en prêtant un voile aux actes de charité qu'il vouloit faire, en prêtoit un aussi aux ignominies, pour ne rien dire de plus, dont on ne pouvoit l'abreuver que dans les ténèbres. Il fit un soir une chute qui lui laissa des marques ; s'il ne put la cacher, il n'en parla du moins qu'en riant, & en termes propres à écarter l'idée du péril qu'il avoit couru. Malgré cet accident, & cent autres plus fâcheux encore, il n'emprunta rien de cette prudence que vante le monde, & qu'il trouvoit lui trop approchante de celle de la chair; il continua d'aller la nuit, & par toute forte de temps. La plupart de nos Lecteurs connoiſſent la ſituation de la ville d'Auch; ils ſavent qu'il faut preſque toujours monter & deſcendre, & avec quel danger on marche ſur le pavé, quand il eſt gliſſant; ſon zèle paſſe deſſus toutes ces difficultés. Les pluies, les boues, les neiges, le verglas, les ouragans même qui quelquefois précipitoient les tuiles dans les rues, rien ne l'arrêtoit. Arrivé chez les malades pauvres, il ne bornoit pas ſon miniſtère à la confeſſion, ni aux conſolations intérieures, il fourniſſoit aux beſoins de toute eſpèce, & il ſe rendoit utile en tout : au beſoin, lui-même faiſoit chauffer le bouillon, lui-même le donnoit au malade, lui-même lui préſentoit les médecines à prendre; lui-même, ſi le malade étoit du même ſexe, aidoit à faire ſon lit & à l'y remettre. Il prenoit plaiſir à orner la chambre du malade, quand on devoit lui porter le ſaint Viatique; & combien de fois ne l'a-t-on pas vu ſur des échelles, pour tendre la chambre de quelques mauvais draps, ou de ceux que fourniſſoient ſouvent en pareil cas les Dames de Miſéricorde.

Comme Directeur de ces Dames, il les

voyoit souvent, il entroit avec elles dans tous les détails des misères particulières & publiques ; il leur parloit à toutes ensemble, comme on l'a déjà dit, tous les quinze jours au moins une fois, pour les animer à faire mieux, s'il étoit possible. Si à ces instructions on ajoute celles qu'il faisoit toutes les Fêtes aux enfans de la maison de la Providence, on verra qu'il n'y a pas de Prêtre qui rompit aussi souvent que lui le pain de la divine Parole.

Comme Chanoine, il assistoit au Chœur ; & depuis qu'il étoit Prévôt, il s'en étoit fait une loi plus expresse. Il ne s'en absentoit guère que le matin des jours de Fête, pour donner aux pénitens occupés les autres jours, la facilité de venir alors. La seule chose qu'il se permettoit les jours ouvrables, lorsqu'il n'avoit pas pu dire la Messe avant Matines, ou qu'il prévoyoit des occupations pour toute la matinée, c'étoit de la dire pendant celle du Chœur. Nous avouons ingénument que cela nous paroît fort graciable, pour ne pas dire qu'il nous paroît digne d'éloges ; & nos Lecteurs peut-être en jugeront comme nous. Un Grand Vicaire, un Prêtre si utilement occupé, méritoit bien, ce semble, quelques égards, & même, s'il en avoit été besoin , quelque indulgence, surtout si nous ajoutons, comme il est vrai, que ce vénérable Chanoine prenoit ainsi une partie des vacances autorisées par les Lois de l'Église : cependant on l'en blâma, & on crut même y apercevoir une sorte de scandale. L'humble Prévôt, à qui on le dit, loin de se justifier sur un point où la justification étoit si facile & si légitime, en alléguant la raison & la loi, se contenta de répondre modestement qu'il ne le feroit plus, & il tint parole. Le public y perdit, il nous en a témoigné ses regrets. l'Abbé de Laroque avoit choisi, pour le lieu de sa préparation & de son action de grâces, un pilier qui le rapprochoit plus du saint Sacrement que la Sacristie. Sa contenance avant & après la Messe, son recueillement, & si on ose le dire, son air séraphique, donnoit de nos Mystères une idée si sublime, il en résultoit une si vive impression, qu'elle arrachoit les larmes ; & on regarde encore avec une sorte de vénération ce pilier près duquel il se tenoit.

Si on nous permet ici une digression, nous permettra-t-on aussi de dire qu'il seroit à désirer que dans tous les Chapitres, au moins dans les Chapitres nombreux, il se trouvât des Chanoines qui voulussent se vouer au bien ?

C'en est un très-grand, sans doute, que l'assistance au Chœur; & nous sommes bien éloignés de blâmer le zèle de ceux qui élèvent eux-mêmes, & qui désirent que leurs Confrères élèvent avec eux des mains pures, pour faire avec ces mains armées de prières une sainte violence au Ciel, & en faire couler la rosée sur la terre ; nous ajouterons même, que les Peuples ne sont pas toujours assez justes appréciateurs, ni assez reconnoissans des Prières publiques : mais, malgré ces considérations, nous nous flattons que nos désirs sur ce point ne paroîtront pas déplacés. Un Chanoine qui veut exercer le Ministère, ne devroit-il pas trouver plus de facilité, & moins d'entraves, surtout lorsque son Évêque le croit capable de ce bien, & le député pour le faire ? Les Chapitres pourroient-ils mieux faire, que de servir le Public de toutes les façons ? Et ne s'honoreroient-ils pas infiniment, en entretenant dans leur sein des Ministres utiles à tous les biens possibles ? Et où en pourra prendre l'Église, dans ce temps disetteux, si on peut se servir de ce terme, en Ouvriers évangéliques, dans ce temps où MM. les Curés ni leurs Secondaires ne peuvent plus suffire aux besoins de leurs ouailles, & où les Religieux s'éteignent par le fait ? Où , difons-nous, en pourra prendre l'Églife , fi ceux - là lui font refufés ? Seroit-ce trop d'affimiler la gloire de Dieu , l'intérêt de la Religion , le falut des Ames qui périffent , à l'intérêt temporel des Corps, pour lequel on accorde tous les jours légitimément la préfence ?

Mais, comment l'Abbé de Laroque pouvoit-il remplir tant d'objets divers ? C'eft que fa coutume, comme celle des Hommes apoftoliques, étoit de fe délaffer d'un travail par un autre travail. Si l'heure du diner n'eût pas été fixée par fes vénérables Confrères , qu'il ne vouloit ni gêner ni contrifter , il feroit toujours venu tard , & il auroit abrégé ce repas unique ; car pour celui du foir, on a déjà remarqué qu'il n'en faifoit pas du tout, ou fi peu & fi tard qu'il ne pouvoit rien prendre fur fes occupations. Mais l'Abbé de Laroque par ce régime n'a-t-il pas abrégé fes jours ? Ah ! un Prêtre , un Prêtre ne compte guère les fiens , & il eft bien plus occupé de les remplir, que de les prolonger. Tout occupé de la gloire de Dieu & du falut des Ames, il s'occupe peu de fa vie. Si un Prince ambitieux a pu dire qu'Alexandre, mort à l'âge de trente ans , avoit affez vécu , puifqu'il avoit acquis tant de gloire , ne pouvons-nous pas dire que l'Abbé de Laroque, mort à l'âge de quarante-cinq, a assez vécu, non pour nous, mais pour lui-même, puisqu'il a rendu tant de gloire à Dieu, & acquis pour lui tant de vertus & de mérites ?

Ainsi nous conviendrons qu'une vie si dure, si laborieuse & si pénible, porta beaucoup sur le tempérament de l'Abbé de Laroque : ses Amis le lui représentoient, & l'exhortoient à prendre plus de soin de lui-même ; mais comme il ne s'apercevoit pas encore d'un dépérissement qui, pour être sensible à ses yeux, auroit dû être très-considérable en lui-même, il craignoit de trop déférer à leur amitié, & son zèle l'emporta sur ces représentations. Son Directeur étoit peut-être le seul homme à qui il auroit cru devoir, sur ce point, de la déférence ; mais son Directeur n'osoit lui prescrire ni plus de repos ni plus de nourriture, parce qu'il respectoit en lui les vues & les visibles opérations de la grâce : il y voyoit un Prêtre que Dieu ne conduisoit pas par une route ordinaire, & il craignoit de faire violence à son Esprit, qui vouloit en faire un martyr de la mortification & du zèle des Ames. Au fond, tout s'use sur la terre, & l'homme n'en est pas plus exempt que le reste des créatures ;

ce qui importe, c'est de s'user au service de Dieu. Un Prêtre surtout, doit-il tant craindre & tant se ménager, lui à qui Jesus-Christ a confié le soin d'étendre son Empire ?

La dernière maladie & la mort de M. d'Apchon, Archevêque d'Auch, vinrent ajouter aux occupations de notre Prévôt, & répandre une nouvelle amertume dans son ame sensible. Connoître ce vénérable Prélat, & s'attacher infiniment à lui, c'étoit nécessairement pour toute ame honnête une même chose : tenir à lui, c'étoit tenir à la vertu même ; & l'Abbé de Laroque avoit de grandes raisons d'y tenir plus qu'un autre. Il trouvoit en lui un Supérieur affable, un Conseil sage, un Consolateur tendre, un Protecteur qui ajoutoit les secours réels à la protection. Durant sa maladie, l'Abbé de Laroque le voyoit souvent ; & de l'appartement du Malade, il passoit plusieurs fois le jour dans l'appartement d'une famille consternée, bien moins par l'intérêt que par le cœur. Par ses conversations & son exemple, il animoit tous les Corps, toutes les Confréries, toutes les Ames pieuses, tous les Pauvres, tous les Ordres de citoyens, à demander la conservation du Prélat : mais le moment de sa récompense étoit venu. L'innocence que

dans

dans sa jeunesse il avoit trouvé le secret rare d'allier avec le fracas, le tumulte & la licence des armes, les vertus sacerdotales qui avoient sanctifié un âge plus avancé, les vertus patriotiques dont il avoit dans tous les temps donné des preuves éclatantes, les vertus épiscopales qui depuis long-temps en faisoient le modèle des Évêques, demandoient que son exil ne fût pas prolongé, & qu'il passât à un séjour plus heureux que celui de la terre.

L'Abbé de Laroque pleura sa mort comme celle d'un ami, de l'ami du bien & de l'humanité. Un autre souci que nous ne dissimulerons pas, venoit aiguiser les regrets que lui causoit cette grande perte. Malgré la confiance qu'il avoit dans le choix du Prince, & la plus parfaite conformité à la volonté du Seigneur, il craignoit que le Successeur de M. d'Apchon ne fît à Paris son séjour ordinaire, & que cet éloignement ne nuisît beaucoup aux bonnes œuvres commencées, s'il n'en étoit pas le tombeau. Il craignoit que s'il venoit en Province, il n'y apportât les mêmes préjugés qu'on avoit inspiré à M. d'Apchon. Messire Louis Apollinaire de Latour-du-Pin Montauban n'étoit pas nommé encore. Mais quand il fut connu, il ne fallut pas à l'Abbé de Laroque un grand

M

temps pour diſſiper ſes craintes; & la dernière converſation que nous avons eu avec lui, peu de jours avant le dernier de ſa vie, ne roula que ſur les vertus du nouvel Archevêque. « Jamais, nous diſoit-il, vous n'avez vu tant » de bonté d'ame, tant de charité pour les » pauvres, tant de déſir du bien, tant d'in- » ſouciance pour les honneurs, tant de dureté » pour lui-même. Il n'eſt pas encore aſſez » connu. » Nous demandons pardon à M. l'Archevêque d'avoir imprimé ces mots contre ſon expreſſe défenſe; & nous demandons pardon au Diocéſe de n'en avoir pas imprimé davantage. Il ne nous étoit pas libre de tout dire; il ne nous étoit pas permis de tout ſupprimer.

Cependant le travail exceſſif de l'Abbé de Laroque faiſoit ſur lui la fonction d'une lime ſourde. Ses forces diminuoient de jour en jour, & il alloit dépériſſant preſqu'à vue d'œil. Il en étoit venu au point que les alimens ne le nourriſſoient plus; on eût dit qu'ils ne faiſoient que paſſer ſans laiſſer de ſubſtance.

Un an peut-être avant ſa mort, il éprouvoit par temps des foibleſſes aſſez conſidérables pour mettre quelque confuſion momentanée dans ſes idées. Un Ami s'en aperçut, & le

conjura de prendre plus de soin de sa santé.
« Si ce n'est pas pour vous-même, ajouta-t-il,
» du moins que la vue du bien que vous faites,
» & que vous pouvez faire, vous touche. La
» piété ira-t-elle mieux, quand vous ne serez
» plus ? « Je m'occupe peu de ma santé, ré-
» pondit l'Abbé de Laroque ; & si je deviens
» bien malade, je ne m'en occuperai pas
» davantage. Ma vie doit-elle donc m'être
» plus précieuse qu'à l'Apôtre des Nations ?
» Pourvu que j'achève ma course selon les
» desseins de Dieu sur moi, voilà toute mon
» ambition. J'éprouve, il est vrai, un anéan-
» tissement très-grand ; & si je ne me trompe,
» je touche de bien près à la fin de ma carrière.
» Quant au bien, je ne puis rien, & Dieu a
» dans sa main de meilleurs Ouvriers que moi.
» Du reste, je lui ai remis toutes les œuvres
» qui sont commencées ; s'il veut les bénir,
» elles arriveront à leur perfection. »

Les accidens qu'éprouvoit l'Abbé de Laroque
ne prenoient rien sur son humeur ni sur son
zèle ; il étoit aussi gai & aussi actif pour le bien,
s'il ne l'étoit pas davantage : il s'occupoit,
comme auparavant, des affaires du Diocèse ;
il assembloit les Dames de Miséricorde ; il alloit
au Chœur, au Confessionnal, à la maison de

la Providence, chez les malades, comme s'il avoit eu toute sa santé & toutes ses forces. On s'apercevoit seulement que dans ses instructions & sa morale il étoit plus vif, plus animé, & plus touchant. Un jour qu'il parloit du saint vieillard Simeon, & de ses grands sentimens, lorsqu'il eut vu de ses yeux & reçu dans ses mains le Sauveur du monde, il le fit avec tant d'ame & tant de feu, que ses auditeurs en furent extraordinairement frappés. On eût dit qu'avec cet heureux Vieillard, il ne désiroit plus rien sur la terre, & que tout son désir étoit dans le Ciel. Ses auditeurs se le disoient ainsi en sortant; & il leur sembloit que l'Abbé de Laroque venoit de prédire sa mort prochaine.

Son état de foiblesse transpiroit peu à peu dans le public, malgré le zèle toujours soutenu & toujours ardent dont il cherchoit à le couvrir; mais un accident plus menaçant que tous ceux qui avoient précédé, & qui eut pour témoin une nombreuse maison toute entière, le dévoila plus encore. Il faisoit une instruction dans la Chapelle de la Providence... & voilà que tout à coup il perd entièrement son sujet de vue, & que ses idées, quoique toujours dignes de son état, ne présentent qu'une confusion effrayante. Il n'en falloit pas tant pour

consterner des Maitresses & des Élèves que
la Religion , l'intérêt & la reconnoissance
lioient à lui si étroitement. La consternation
de son Auditoire , des sanglots échappés , rap-
pelèrent en un moment ses esprits. Par un
motif de zèle , & dans l'objet de consoler ses
Auditrices , il leur dit que cette absence n'étoit
rien ; & pour le prouver , il vouloit continuer
l'instruction. Mais comment ces cœurs déchirés
auroient-ils pu l'entendre ! Les larmes aux
yeux & la douleur dans l'ame , on le conjura
de se reposer. Il céda aux instances , & il reçut
de la main de ses Filles désolées les soulagemens qu'elles purent lui donner, en les ras-
surant avec bonté sur leurs alarmes, qui n'é-
toient que trop fondées. Il étoit arrêté dans
le Ciel que l'Instruction qu'elles venoient de
recevoir de leur digne Père seroit la dernière ,
au moins publique.

Il étoit à peine remis , qu'on vint lui dire
qu'une personne le réclamoit. On eut beau
lui représenter sa foiblesse, & le danger auquel
il s'exposoit, il ne fut pas possible de l'empêcher de se rendre. « Hélas ! dit-il, suis-je
» sur la terre pour autre chose que pour le
» bien ! Pourquoi me refuser à celui que la
» Providence me ménage ? Peut-être cette

» perſonne a-t-elle bien beſoin de moi ; &
» ſi vous étiez comme elle à m'attendre, vous
» ſeriez bien aiſe que je me rendiſſe. » Il alla
donc comme il put & en ſe traînant, ſans
vouloir du ſecours, à une aſſez grande diſtance : il étoit le même pour ſon ame ; auſſi
honnête, auſſi doux, auſſi charitable ; mais
ſur la pâleur de ſon viſage, & ſur l'attitude
gênée de ſon corps, la perſonne qui l'avoit
réclamé lut bientôt ſon état, que décéloit
encore la foibleſſe de ſa voix ; elle lui en témoigna ſa peine, & la peine auſſi de ce qu'il
étoit venu. « En vérité, lui dit-elle, j'admire
» bien votre charité ; mais vous me permet-
» trez de vous dire qu'elle va trop loin dans
» cette circonſtance ; je vois que vous n'en
» pouvez plus : c'eſt trop peu ménager une
» vie précieuſe à la Religion & chère à la
» piété. Qui vous a dit que toutes les vues de
» Dieu ſont accomplies, & qu'il n'eſt pas
» encore dans ſes deſſeins que vous ſoyez
» Évêque, pour faire des biens plus grands
» & plus étendus que tous ceux que vous avez
» déjà faits ? « Non, non, répondit l'Abbé
» de Laroque d'un ton aſſûré, vous ne me
» verrez jamais Évêque ; » & puis il lui parla
ſi pathétiquement du néant des choſes hu-

maines & de la briéveté de la vie, que cette personne ne douta pas & n'a jamais douté depuis, qu'il n'eût alors une connoissance certaine de la proximité de sa mort.

Cette idée, si désastreuse pour tant d'autres, n'avoit rien d'alarmant pour lui : il aimoit Dieu plus qu'il ne le craignoit ; & s'il redoutoit ses jugemens, comme tous les Justes, il espéroit aussi, comme eux, beaucoup plus encore de ses miséricordes. Il auroit pu, avec St. Jérôme, appliquer à la mort ces paroles qui, au premier coup d'œil, semblent si peu faites pour elle : « Vous êtes noire, mais belle; » puisqu'en effet elle est le passage nécessaire de cette terre d'exil à la Patrie ; & c'est dans ce sens qu'un saint Prêtre mourant proféra ces paroles si consolantes pour tous les bons Prêtres : « Je ne croyois pas qu'il fût si doux de mourir. » Si l'Abbé de Laroque n'osoit désirer la mort, c'étoit par une suite de ses principes, & par un effet de son humilité. Nous avons vu que sa conformité à la volonté de Dieu étoit si grande, que la sienne n'éxistoit plus que dans celle-là ; & il auroit craint de la reprendre en quelque chose, s'il avoit désiré de mourir ; il aimoit mieux attendre en paix le moment de Dieu : d'ailleurs, il auroit craint de trop préfumer de lui-même, en fuivant l'exemple de l'Apôtre auquel il n'avoit garde de fe comparer.

Il continua cependant encore d'entendre des confeffions, & de mettre à profit, pour la gloire de Dieu & le falut des Ames, tous les momens qui lui reftoient. C'eft dans cet exercice de charité qu'il eut un autre avant-coureur de la mort. Il éprouva, en écoutant une perfonne au Confeffionnal, un fi grand mal-être & une douleur de tête fi violente, qu'il fut obligé de fortir jufqu'à trois fois, ce qui ne l'empêcha pas d'entendre cette perfonne jufqu'au bout, malgré les inftances qu'elle lui faifoit pour fe retirer : il voulut même en entendre une autre qui attendoit, ne fachant rien de ce qui fe paffoit, mais enfin vaincu par la force du mal, il fut forcé de fe retirer.

En arrivant chez lui, il fit part de fa fituation à l'Ami fidelle & tendre avec lequel il vivoit. Cette confidence atterrante perça le cœur de ce vénérable Confrère comme une lance. Il fe voyoit au moment de refter feul de ce refpectable Trio dont nous avons parlé (M. Caffagnolles étoit déjà mort). La douleur dans le cœur, il dit à l'Abbé de Laroque : « Vous » le voyez enfin, mon cher Ami, où vous

» conduit le travail forcé que je n'ai pu vous
» obliger de suspendre. Faut-il donc ainsi
» prodiguer jusqu'au bout une santé utile au
» bien, & précieuse au Diocèse comme à
» vos Amis! J'exige au moins aujourd'hui
» que vous ne serez plus le maître, que
» vous verrez tout à l'heure un Médecin, &
» que vous suivrez en tout le régime qu'il
» voudra vous prescrire. « Je ferai ce que
» vous voudrez, répondit l'Abbé de Laroque
» en se dépouillant pour toujours de sa volonte;
» je sens que la tête me pète, & je n'en puis
» plus. »

Depuis ce moment l'Abbé de Laroque ne
fut plus du tout dans ses mains, il passa tout
entier dans les mains de cet Ami & des Médecins : il regarda son état actuel comme un
ordre de Providence qui l'assujettissoit aux
Médecins & aux remèdes. On lui ordonna
d'abord des bains, & il les prit ; mais ce ne
fut pas sans y faire éclater son amour pour la
pureté, & sans y donner des preuves d'une
modestie trop rare. Quoique foible au point
de se soutenir avec peine, il n'accepta, pour
entrer dans le bain, aucun secours étranger,
pas même celui de son domestique : celui-ci
préparoit les choses nécessaires pour le bain,

& ne rentroit qu'après que son Maître en étoit sorti & habillé. Cette délicatesse de pudeur parut outrée, & on se donna dans le monde la liberté de la regarder comme un entêtement de dévot : il faut bien que la vertu soit éprouvée jusqu'à la fin ; mais Dieu voyoit ses motifs, & l'absolvoit de la censure des hommes.

Ces bains semblèrent lui procurer un soulagement, & il en profita pour demander la permission d'aller s'unir à Jesus-Christ, en célébrant les Saints Mystères : c'étoit le huitième jour avant sa mort. Il célébra alors pour la dernière fois ; & il est plus aisé de comprendre, que de bien dire avec quelle ferveur il le fit. Il se sentoit mourir, & c'étoit le Viatique qu'il alloit prendre lui-même, dont la nature de son mal pouvoit le priver, & dont en effet elle le priva.

Ses douleurs de tête devenues de jour en jour plus violentes, il fallut employer des remèdes violens, & il s'y soumit avec joie ; il y entrevoyoit de plus grandes souffrances, & il étoit bien aise de se préparer par elles à la mort. On lui fit jusqu'à onze incisions à la tête ou au cou, & il ne lui échappa pas une seule plainte. Il s'unissoit à Dieu par les douleurs de toute espèce, & il devenoit de plus

en plus le Disciple d'un Dieu souffrant, &
mourant au milieu des douleurs.

Par-tout où pénétroit le dangereux état de
l'Abbé de Laroque, il portoit la consternation :
les grands comme le peuple, le riche comme
le pauvre, le libertin même s'y intéressoit
comme le juste. Les sanglots se mêloient aux
prières qu'on faisoit pour lui, & les larmes
les arrosoient.

Depuis quelques années l'Abbé de Laroque
se confessoit tous les huit jours, à moins qu'il
n'en fût empêché par une impossibilité comme
absolue ; & sa plus grande peine, durant sa
maladie, étoit d'avoir été forcé par ses violentes douleurs de tête d'interrompre ce pieux
usage. « Jamais, disoit-il, je n'ai de plus
» grande consolation, que de purifier mon
» ame par la confession. » Il vit plusieurs fois
son Confesseur pendant sa maladie ; mais pour
ne pas trop alarmer sa Famille & ses Amis,
c'étoit comme en secret, & à des heures où
il pouvoit espérer d'être seul. Il auroit volontiers reçu le Saint Viatique, mais le moment
ne sembloit pas en être venu encore : rien ne
pressoit aux yeux des hommes ; & le mal,
quoique grand, ne paroissoit pas devoir aboutir
à une si prompte mort : il y eut même quelques

momens de calme qui donnoient de flatteuses
espérances. Le Malade, qu'on ne croyoit pas
devoir en profiter pour recevoir son Dieu, en
profita pour un autre bien : il recommanda à
M. l'Abbé Campardon, son Ami intime, l'établissement de la Providence, dont il partageoit
avec lui le mérite & la gloire de la fondation :
il entra sur ce sujet dans les plus grands détails,
avec autant d'ordre & de précision, que s'il
avoit été en parfaite santé : il communiqua
ses vues de le perfectionner & de l'étendre,
& les moyens de ne jamais confondre l'Œuvre
des pauvres avec celle de l'éducation : enfin,
il recommanda à ce respectable Ami les Filles
de la Providence ; & cette recommandation
d'un Ami mourant a eu tout l'effet qu'il pouvoit désirer de la part d'un Ami qui se prête
avec joie à tous les biens.

Ce fut là le dernier objet qui occupa le Malade,
& le dernier trait visible de son zèle. N'est-ce
pas, en faveur de cette Maison, la recommandation la plus puissante ; pour les Maîtresses,
l'aiguillon le plus pressant ; & pour le Public,
le motif & la mesure de l'intérêt qu'il doit
y prendre ?

Le même jour le Malade tomba dans des
évanouissemens qui laissoient peu d'intervalle

de liberté. La nuit du mardi au mercredi fut
plus orageuse encore : une syncope plus longue
& plus menaçante que les autres, fit tout craindre pour le Malade. Le Confesseur fut appelé :
après avoir attendu quelque temps le retour
de sa connoissance, il trouva celui de le disposer prochainement à la réception du Saint
Viatique : on devoit le lui porter après Matines ;
le Chapitre étoit assemblé & prêt à se rendre ;
mais le Malade reperdit la connoissance, qui
ne revint plus. Il reçut l'Extrême-Onction à
neuf heures du matin, & il tomba dans une
léthargie où il demeura près de deux fois
vingt-quatre heures, c'est-à-dire, jusqu'au vendredi matin, qu'il expira sur les trois heures :
c'étoit le premier vendredi de Septembre 1784 ;
jour remarquable, parce que dans le Diocèse
d'Auch les premiers Vendredi des mois y sont
consacrés au Cœur de Jesus. L'Abbé de Laroque
avoit travaillé toute sa vie à lui former des
adorateurs en esprit & en vérité, & il y avoit
lui-même une dévotion tendre & ardente ;
il nous est donc bien permis d'augurer que ce
Cœur sacré, l'objet de son amour, voulut bien
s'ouvrir à lui pour l'éternité. Nous dirons en
passant, qu'il est bien consolant pour cette
Confrérie, qui a eu quelques contradicteurs,

d'être approuvée & d'être les délices des personnes qui vivent le mieux dans tous les états.
Elle n'a pas besoin de cette apologie ; mais
c'en est une , & la meilleure peut-être pour
une pratique de piété.

L'Abbé de Laroque est mort... Cette nouvelle se répandit en un clin d'œil dans toute
la Ville & les environs : elle causa un regret
universel ; elle produisit, dans une infinité de
personnes , un morne silence & des pleurs.
Cependant on accourut en foule à l'appartement du Défunt : chacun vouloit voir de près
un visage dont tant d'incisions n'avoient pu ,
& dont la mort même, avec ses traits hideux,
n'avoit osé altérer la sérénité. Sa présence parloit aux yeux & au cœur tout ensemble : elle
rappeloit ses vertus , & les grands biens qu'il
avoit fait. Ses pénitens pleuroient un guide ; les
veuves, un appui ; les orphelins, un père ; &
ses établissemens , un généreux Fondateur :
(nous n'osons nommer ici ni sa Famille , ni
le tendre Ami chez lequel il mourut : nous
respectons leur douleur au point de ne pas
même la dire) La société regrettoit un homme
utile & aimable par ses vertus morales ; la
Religion , un homme édifiant par ses vertus
chrétiennes ; le Clergé , un modèle vivant des
vertus ecclésiastiques.

D'une douleur profonde, & fans en rien perdre, on paffa à une profonde vénération. Sa chambre ne défempliffoit pas : on fe colloit à fa bière, on baifoit fes mains, on déchiroit fes vêtemens, par l'idée qu'on avoit de fa fainteté & de fon bonheur : de tous côtés on accourut à fon enterrement, & fa pompe funèbre ne fut qu'une pompe de fanglots & de pleurs. Eh ! que de vifites n'a-t-on pas fait depuis au lieu de fa fépulture ! Que de prières fur fa tombe !

Ainfi meurent les Saints ; ainfi eft béni l'homme qui craint Dieu. Eût-il eu des jaloux & des contradicteurs pendant la vie, il n'en refte plus pour lui après la mort : on ne court plus la même carrière ; les jaloux rougiroient de ne pas applaudir avec les autres au mérite des morts, & ils s'empreffent de rendre hommage à ces mêmes vertus qu'auparavant ils avoient décriées. Seroit-ce que Dieu fait ici-bas même juftice aux grands Saints, & qu'il imprime fur la terre l'idée du jugement favorable qu'il a rendu dans le Ciel ! Quel encouragement pour le Jufte perfécuté, s'il lui en falloit un autre que d'être connu & approuvé de Dieu !

L'Abbé de Laroque ne fit point de teftament;

& on peut dire de lui comme de St. Augustin, qu'il n'en fit pas, parce qu'il n'avoit pas de quoi en faire ; il ne laiſſoit que des regrets, le ſouvenir & l'odeur de ſes vertus.

Son Ami, M. Campardon, qui lui avoit donné tant de preuves d'attachement pendant ſa vie, & plus encore dans ſa dernière maladie, le montra de même après ſa mort : il ſe chargea de toutes les affaires du Défunt ; il prit ſur lui la douleur de tous les détails, pour l'épargner à ſa Famille.

On ſera peut-être curieux, comme nous l'avons été nous-mêmes, de ſavoir au vrai ce que ce vénérable Prêtre avoit à ſa mort : nous allons en donner le détail ; il eſt trop édifiant pour le ſouſtraire, dût-il, par un contraſte frappant, humilier des riches Bénéficiers qui laiſſent de grandes ſucceſſions, & qui ſouillent par leurs diſpoſitions une vie d'ailleurs édifiante : les pieuſes Fondations qu'ils font quelquefois, pour avoir lieu après leur mort, n'opèrent pas toujours la juſtification qu'ils en attendent ; on leur reproche tout bas de ne l'avoir pas fait plutôt, & de ne s'être dépouillés que quand ils ne pouvoient plus jouir.

Nous ne craindrons pas de flétrir l'honneur de la Famille du vénérable Défunt, par le détail que nous allons donner : il est trop honorable pour lui, pour qu'il puisse être déshonorant pour elle. Heureuses les familles qui verroient croître dans leur sein les Abbés de Laroque, vivre & mourir comme celui-ci a vécu, & comme il est mort ! On ne se déshonore, & on ne déshonore sa famille, qu'en tournant le dos à son état.

La garde-robe de l'Abbé de Laroque consistoit en quarante chemises, dont onze en lambeaux & quinze très-usées ; deux paires de draps de maître & autant de domestique ; dix-sept serviettes usées ; un chapeau ; une robe de chambre usée ; trois soutanes d'été, dont deux usées, deux d'hiver, dont une usée ; vestes & culottes à l'avenant ; une redingote usée ; deux soutanelles ; des bas de laine, aucun de soie.

Des Livres pour un millier d'écus, avec quelques Tableaux & Estampes de piété ; un lit d'indienne extrêmement modeste ; une tapisserie en papier ; des fauteuils & chaises de paille, dont quelques-unes garnies d'indienne ; les tables nécessaires ; un clavecin qui avoit servi à le distraire un moment au besoin, & dont il ne faisoit presque plus d'usage, depuis qu'il avoit craint son goût pour la mufique ; point d'argenterie , pas un couvert : voilà fon mobilier.

Avoit-il donc de l'argent comptant ? Pas un fou , fi un Fermier , durant fa maladie , ne lui avoit porté fix cents francs. Étrange contrafte ! Ce dont tant de gens , des Prêtres même rougiroient pendant la vie , devient le plus complet éloge après la mort.

Mais , qui donc avoit dépouillé l'Abbé de Laroque de fes gros revenus ? Le jeu ? Non , il avoit toute fa vie été fidelle à la promeffe qu'il avoit faite de ne jamais toucher de cartes; il ne jouoit que trois fous au Trictrac , & rarement : dans la plus forte partie qu'il ait joué de fa vie , dans une circonftance qui commandoit , il n'a perdu qu'un petit écu , & une feule fois. Jamais il n'eut ni chevaux , ni voiture ; jamais il ne fit un voyage de pur amufement : qui donc , encore une fois , l'avoit dépouillé ? La charité , les œuvres pies , les pauvres , les penfions qu'il faifoit à des familles honteufes.

Nous n'infifterons pas fur les miracles qu'on attribue à l'Abbé de Laroque depuis fa mort , quoique nous ayons d'affez bonnes raifons pour en étayer la vérité , & que nous ne redoutions pas la cenfure philofophique. Seroit-il donc étonnant que , pour manifefter la gloire de son Serviteur, Dieu eût voulu accorder, par son intercession, des guérisons miraculeuses ?

Telle nous paroît la guérison d'une personne depuis long - temps tourmentée d'une forte manie, déchirée par des peines cruelles, abymée dans un affreux désespoir. L'Abbé de Laroque, durant une Mission, avoit été appelé auprès d'elle, pour tâcher de la consoler & de la ramener; sa visite alors fut sans succès. Dix ans après l'Abbé de Laroque meurt. Cette personne, dont l'état étoit le même ou pire, est inspirée de demander à Dieu d'en être délivrée par l'intercession du charitable Missionnaire; elle l'invoque en effet, & se trouve guérie : sa manie, ses déchiremens, son désespoir, tout disparoît en un moment, & pour ne plus paroître.

Une Religieuse a un mal considérable à une jambe; duretés, rougeur, enflure. La douleur l'empêche de marcher, & la force souvent de garder la chambre durant plusieurs jours. Elle pratique long-temps des remèdes internes & des remèdes externes. Ils semblent aigrir son mal, au lieu de le guérir : lasse de ces remèdes inutiles, elle est trois mois sans en faire, & son mal reste le même. Si elle agit, c'est peu & avec des douleurs

très - vives. Au bout de ce terme, elle se
souvient qu'elle tient de l'Abbé de Laroque
un Scapulaire ; elle l'applique sur sa jambe,
en invoquant, avec beaucoup de confiance,
l'Abbé qu'elle croit bienheureux, se propo-
sant de continuer la même application & les
mêmes prières. Dès le lendemain elle agit
& marche sans peine, & le soir elle ne
trouve ni enflure, ni rougeur, malgré la fatigue qui, selon le cours ordinaire, devoit
augmenter l'un & l'autre. Les duretés dis-
paroissent, & avec elles les douleurs. Nous
avouons ingénument que nous ne connois-
sons pas de loi dans la nature qui produise
si promptement, & sans remède physique,
de pareils effets sur les esprits & sur les corps.
Mais encore une fois, nous n'insistons pas sur
ces faits, ni sur d'autres semblables : nous
n'avons rapporté ceux - ci que parce qu'ils ont
transpiré dans le public : nous avons déjà ob-
servé que ce ne sont pas les miracles qui font
les Saints. L'essence de la sainteté est dans la
vertu : or, l'Abbé de Laroque les a eu toutes, & dans un dégré héroïque. Toute sa vie
atteste cette vérité, mais ces vertus y sont
éparses ; pour satisfaire à des pieux désirs,
& pour le bien, nous allons les ramasser, les

rapprocher, & en préſenter l'enſemble ; cela même nous donnera lieu de dire ce que nous ne pouvions rapporter dans le corps de l'Ouvrage, ſans nous expoſer à des trop longues & trop fréquentes digreſſions.

Avant que d'entrer dans ce petit détail, on nous permettra une réflexion que nous croyons importante.

L'amour de l'ordre & le bon emploi du temps, ſont après la grâce les premières baſes de la vertu: quiconque s'aſſujettit à une règle, & met tous ſes momens à profit, eſt néceſſairement un homme vertueux. Tel fut l'Abbé de Laroque dès l'âge le plus tendre : Enfant, Clerc, Bénéficier, Écolier, Séminariſte, Prêtre, Grand-Vicaire, Chanoine, Archidiacre, Prévôt, toujours il a reçu, ou il s'eſt fait des règlemens qu'il ſuivoit avec ponctualité. Il les a variés ſans doute pour y placer les exercices & les œuvres propres de chaque ſituation où il s'eſt trouvé, mais jamais il n'a été ſans en avoir & ſans les ſuivre. Il ne redoutoit pas une gêne utile, pour ne pas dire néceſſaire, il ne redoutoit que les viciſſitudes de l'inconſtance qui n'a pas de frein. Que d'Hommes en effet, que d'Hommes qui auroient été pieux, ſe perdent hélas, parce qu'ils n'ont pas une règle fixe ! Trop épris d'une liberté ennemie clandestine du bon ordre, ils se contentent d'observer les grands devoirs de la piété chrétienne ; mais ces grands devoirs laissent trop de vide, & par-là trop de prise au Démon qui a déjà commencé à les tromper. Tout devient arbitraire, les moindres raisons paroissent suffisantes pour interrompre, ou pour retrancher. Aujourd'hui un exercice manque, un autre manquera demain, bientôt ils manqueront tous ensemble. On peut prédire à ces Ames, ce que Jesus-Christ prédisoit des murs de Jérusalem & du Temple : il n'y restera pas pierre sur pierre. La fidélité de l'Abbé de Laroque à ses divers réglemens, le garantit de cet écueil trop ordinaire sans ce secours, s'il n'est pas inévitable.

Le bon emploi du temps contribua aussi beaucoup à l'acquisition de ses vertus, & en multiplia les actes. Le temps, dit St. Bernard, a des aîles, & des aîles rapides. Tous les Hommes doivent en redouter la perte, les Chrétiens davantage, les Prêtres plus encore. Que seroit dans les rues, sur les places, à la chasse, dans les cercles, un Ministre de Jesus-Christ ? Ambassadeur de Dieu auprès des Hommes, Ministre établi entre les

Hommes & Dieu, il est chargé de trop grands intérêts, pour qu'il lui soit permis de perdre du temps pendant que dure son ambassade, & son ambassade dure toute la vie. Les délassemens, je ne dis pas seulement honnêtes, mais courts, sont les seuls qui puissent lui convenir : dans les autres, la perte du temps peut n'être quelquefois qu'un larcin fait au temps même ; dans les Prêtres, c'est toujours un larcin fait à l'éternité.

C'est ce qui rendoit notre Abbé toujours avare du sien ; voilà pourquoi ses jours prenoient sur ses nuits ; voilà pourquoi il regrettoit celui-là même qu'il étoit forcé d'accorder aux plus impérieux besoins de la nature ; & voilà pourquoi aussi il leur retranchoit tout ce qu'il pouvoit. Ce que nous disons aux Prêtres, nous le disons avec quelque proportion à ceux qui veulent le devenir. L'Abbé de Laroque à leur âge avoit déjà promis à Dieu de ne jamais toucher ni fusil, ni cartes, deux grandes sources de pertes de temps qu'il avoit taries par cette promesse, le jeu & la chasse. Si à cet âge on ne prend pas l'heureuse habitude de bien employer le temps, elle coûte après infiniment davantage, & on finit presque toujours par ne l'avoir

jamais. Si à cet âge on néglige certaines études, on est obligé d'y donner ensuite un
temps qui pourroit être plus utilement em-
ployé, ou l'on ne sait jamais ce qu'il n'est
pas décent à un Prêtre d'ignorer, quoiqu'il
ne soit pas de l'absolu nécessaire. Nous avouons
qu'une humiliante expérience nous a dicté
ces réflexions : venons aux vertus de notre
Abbé.

Son Innocence. Nous croyons qu'elle est
restée entière : outre que nous ne connois-
sons pas un seul trait de sa vie qui ait pu
l'altérer, nous avons remarqué qu'à l'âge où
l'on commence à pouvoir la perdre, il étoit
déjà tout à Dieu, & que les fruits de grâce
étoient déjà abondans en lui. Nous avons
vu que tous les âges suivans ont amené
un accroissement de vertu, & que les plus
délicates & le plus fortes tentations n'ont
fait que montrer en lui une plus grande horreur du mal, un plus grand amour du bien,
une fidélité à toute épreuve. Par quelle porte
auroit donc pu entrer le Démon dans cette
Ame innocente, pour la frapper d'un coup
mortel ?

Sa Foi. Qui ne sait qu'elle fut pure, &
qu'il étoit prêt à signer de son sang & la révélation,

vélation, & les décisions de l'Église? Deux
fois nous l'avons vu plein d'amertume, parce
qu'on avoit avancé devant lui deux propo-
fitions fufceptibles d'un mauvais fens; il ne
reprit fa paix & fa gaieté que lorfqu'il vit
qu'on étoit bien décidé pour le fens Catho-
lique. Les feuls ennemis de la foi, l'orgueil
& la pente au plaifir n'avoient aucun pouvoir fur fon ame : il n'étoit pas de ces Hommes fi multipliés de nos jours, qui femblent
vouloir fe venger des bornes que Dieu a mis
à leur intelligence, en en donnant à leur
tour à fon pouvoir fuprême, & qui veulent
que leur efprit foit la mefure du fien : il
n'étoit pas non plus de ces Hommes dont
la foi, comme un rayon de lumière, va s'éteindre & s'abforber dans la corruption. Il étoit
d'ailleurs ennemi des contentions, des difputes
& des nouveautés. Il étoit comme impoffible
que fa foi ne fût pas pure ; elle n'étoit pas moins
ardente. Comme une autre Thérefe & à fon
âge, il vouloit la porter chez les Maures :
au Séminaire, il s'expofa pour elle ; Prêtre,
& avant que de l'être, il vouloit la porter
aux extrémités de la terre ; & dans cette vue,
il s'exerçoit à toutes les rigueurs de l'Apof-
tolat. Enfin, ne pouvant verfer fon fang pour

elle , il lui a facrifié fon repos, fes plaifirs ;
une vie douce & commode ; il lui a confacré fes veilles , fes fatigues, fes fueurs ; &
fi fon martyre a été moins cruel , il a auffi
été plus long. Il vivoit véritablement de la
foi comme le Jufte ; à le voir dans le Temple & à l'Autel , on eût dit non-feulement
qu'il croyoit la préfence réelle , mais qu'il
la voyoit. Sans refpect humain , fans défir ter-
reftre , fans attache aux biens préfens , il ne
tendoit qu'aux biens futurs , & toute fa
conduite prouve que jamais il ne marcha à
la funefte lueur de la lampe du temps , mais
toujours au flambeau de l'éternité.

Son Espérance. Les biens immortels que
montre la foi à l'Ame innocente ou pénitente,
l'efpérance les lui faifoit comme toucher de
la main : « Mon fort , difoit-il fouvent , eft
» dans les mains de Dieu, il fera heureux ,
» parce qu'il eft dans les mains d'un bon Père.
» Ma mifère eft grande , il eft vrai , mais
» Dieu m'a fait une loi d'efpérer en lui ; &
» cette loi, pleine de douceur, je l'obferverai
» toujours ». Cette efpérance , toute ferme
qu'elle étoit , n'avoit rien de cette confiance
fanatique du Proteftant ou du faux Dévôt ,
qui va jufqu'à la fécurité , & qui au fond

n'eft qu'une préfomption réprouvée, oppofée
à la nature même de l'efpérance, puifque
celle-ci ne peut jamais atteindre à la certi-
tude fans ceffer d'être ce qu'elle eft. Il craignoit, comme nous l'avons déjà obfervé, les
jugemens de Dieu, mais il les craignoit
en Chrétien ; & d'après le falutaire avis de
St. François de Salles, il ne méditoit jamais
les vertus terribles de la Religion, fans y
mêler les motifs de confolation qu'elle préfente.

C'eft ce fonds inépuifable d'efpérance qui
l'a foutenu dans fes épreuves, dans fes contradictions, dans fes perfécutions, dans fes
pénibles travaux, dans les maux de toute efpèce qu'il a endurés. Pour s'encourager, il
répétoit fouvent cette parole de l'Évangile :
Courage bon Serviteur, parce que vous avez
été fidelle dans les petites chofes, je vous
établirai fur les grandes ; & fon Ame étoit
inondée de confolation & remplie de force,
quand il entendoit fon divin Maître ajouter :
Entrez dans ma joie, je veux bien la partager avec vous. C'eft de là que venoit cette
patience invincible qu'il montra dans toutes
les occafions, & cette foumiffion fi parfaite
aux ordres de Dieu, qu'elle faifoit de fa vo-

lonté une même volonté avec celle de Dieu.

Cette espérance, dont il étoit plein lui-même, il tâchoit de l'inspirer aux autres. Si ses Pénitens lui paroissoient quelquefois trop abattus à la vue de leurs péchés & de la justice de Dieu, il leur retraçoit ses infinies miséricordes, bien persuadé qu'il avoit bien avancé son œuvre, quand il leur avoit fait goûter un Dieu propice prêt à leur ouvrir son sein, malgré l'énormité de leurs crimes. Il disoit que le découragement est le pire de tous les maux, qu'il amène toujours avec lui la cessation du bien, & trop souvent le crime ; que les systèmes désespérans n'ont jamais converti, & ne convertiront jamais personne ; & que souvent pour ramener des Ames perdues, il ne faudroit que leur ouvrir la porte de l'espérance chrétienne. Nous avons quelque expérience, & nous pouvons assurer qu'il avoit raison.

Sa Charité. L'Homme, mais sur-tout le Chrétien & le Prêtre, devroient être tout amour : c'est la vie & la volupté pure du cœur ; c'est le plus noble sentiment de l'Homme, celui qui le rapproche plus de Dieu, & l'unit plus à Dieu ; c'est la plus sublime des vertus ; c'est ce feu sacré qu'éteignit le péché, & que Jesus-Christ vint porter sur la Terre. L'Abbé de Laroque en étoit véritablement embrasé : à l'âge de seize à dix-huit ans, il s'étoit fait pour lui-même un Catéchisme sur l'amour de Dieu, qu'il lisoit souvent pour s'enflammer de plus en plus. Il y consacre à Dieu, dans le plus grand détail, toutes les puissances de son ame, & tous les actes qui leur sont propres, tout son corps & toutes ses actions, non-seulement pour ce moment là, mais pour toute la suite de sa vie. Il n'a fait depuis que développer, & perfectionner les dispositions qu'il avoit alors. Dans le temps qu'il prit le Diaconat, ses engagemens avec l'Esprit saint devinrent plus forts : le moyen d'accroître son amour étoit la fréquente pensée de Dieu, & le souvenir des souffrances de Jesus-Christ, & la considération de l'Eucharistie. Tant d'amour de la part de Dieu, le mettoit comme hors de lui-même ; & il a été contraint de dire par obéissance, que souvent il avoit craint de succomber sous le poids si doux de cet amour immense, & des sentimens qu'il avoit en célébrant les saints Mystères. Il ne parloit de l'amour de Dieu qu'avec ce goût & ce ton qui annonce l'émotion & l'attendrissement de l'ame : il avoit reçu tant de grâces pour en parler, qu'il l'inspiroit à ceux qui l'écoutoient ; & que non-seulement les Religieuses dont nous avons parlé, mais nombre d'autres, ainsi que des Personnes du monde, l'ont très - fréquemment comparé à un Séraphin. On sentoit, en l'écoutant, une impression qui éclairoit l'esprit, & échauffoit le cœur : une foule de ses Pénitens l'attestent encore. Une Religieuse qui eut le bonheur de s'entretenir avec lui sur l'Oraison, écrit : « il y a quel- » qu'année que , conférant avec lui sur l'Orai- » son, il m'en entretint pendant deux heu- » res comme un Ange. Il ne me seroit pas » facile de donner une notion claire des im- » pressions que cet Homme divin fit alors » dans mon ame ; mais ce qui me frappa éton- » nament , c'est que pendant tout le temps » qu'il discouroit sur cette matière , il me » sembloit qu'une odeur surnaturelle embau- » moit mes sens intérieurs & spirituels..... » Que n'aurois-je pas à dire des effets merveil- » leux que ses discours & ses avis produisoient » dans les Ames, il ne me faudroit pas moins » que la plume d'un Ange ». Il parloit de l'abondance du cœur, & son abondance étoit l'amour : il étoit trop ardent pour ne pas se produire, il falloit qu'il s'annonçât comme le feu par ses étincelles. Nous n'en citerons plus des preuves particulières, il faudroit citer toutes ses paroles, toutes ses actions, tous ses sentimens, s'il étoit possible, & toutes ses pensées.

De cet amour, comme d'une source féconde, couloit son grand zèle pour la gloire de Dieu. Rien ne l'attristoit que le péché, & les opprobres du Seigneur tomboient à plomb sur lui comme sur le Prophète, & l'écrasoient. Avec quelle amertume il parloit de l'incrédulité & de la corruption du siècle ! Il disoit aux personnes à qui il tenoit le plus, qu'il aimeroit mieux les savoir mortes & enterrées, que coupables d'une dissimulation au Tribunal, ou d'une irrévérence envers Jesus-Christ. Il étoit comme pétrifié quand il voyoit l'apathie de certains Prêtres qu'il croyoit pouvoir procurer plus de gloire à Dieu, & qui n'y travailloient pas comme ils devoient. Il ne cessoit de dire qu'on étoit Chrétien pour soi, mais qu'on étoit nécessairement Prêtre pour les autres. Dans ses Retraites Ecclésiastiques, il insistoit sur ce point d'une manière particulière & pleine de chaleur : les Prêtres qu'il dirigeoit, il les exhortoit, il les encourageoit, il les preſſoit par tous les motifs poſſibles de travailler à la gloire de Dieu, il auroit voulu en faire autant d'Apôtres.

On a vu combien ſon zèle étoit ardent, rien ne l'arrêtoit, ni les rigueurs des ſaiſons, ni le beſoin de repos, ni les railleries, ni les contradictions, ni le péril même de la vie. Combien il étoit univerſel, il n'y connoiſſoit aucunes bornes : riches & pauvres, grands & petits, dociles ou indociles, pénitens exigeans ou peu traitables, tout étoit bien venu, pourvu qu'il pût travailler à la gloire de Dieu. On a vu combien il étoit généreux, il n'y épargnoit ni ſes revenus, ni ſa perſonne : combien il étoit déſintéreſſé, il n'y cherchoit aucunément ſa gloire, mais celle de ſon Maître. « Eſt-ce donc mon œuvre » que je fais, & celle de mon amour pro- » pre, & non pas celle de Jeſus-Chriſt ».

SA CHARITÉ POUR LE PROCHAIN. il la regardoit comme une portion de l'amour qu'il avoit pour Dieu, parce qu'il voyoit dans tous les hommes des images de Dieu, & des membres de Jeſus-Chriſt. Dans le Catéchiſme dont nous avons parlé au ſujet de l'amour de Dieu, il entroit auſſi dans tous les détails de l'amour du Prochain, & il ſe preſcrivoit là-deſſus à

lui-même des devoirs sévères : point de soup-
çon, point de raillerie, sur-tout dans l'absence des personnes qu'on raille, pas un bon
mot qui puisse blesser. Il appliquoit à ces bons
mots, qu'on n'a pas communément le courage de sacrifier, cette parole de l'Écriture,
usque ad ventrem vadunt. Ces mots pénètrent
jusqu'aux entrailles, & y restent fortement
attachés pour y semer la haine & le désir de
la vengeance : non-seulement il avoit en horreur les détractions graves, mais il ne souffroit pas même les détractions les plus légères :
« C'est blesser, disoit-il, la virginité de la
charité ». Nous l'avons vu cacher avec soin
des traitemens barbares, & préférer la mort
à la révélation de ces horreurs, qu'il auroit
pu faire cesser en les révélant.

Tous les intérêts du Prochain le touchoient
sensiblement, ceux du corps & ceux de l'ame,
ceux du temps & ceux de l'Éternité, & souvent il pourvoyoit à tous à la fois. Il l'a fait
à l'égard de ces pauvres ramassés dans les rues,
où leur ame étoit en péril ; à l'égard de tant de
pauvres honteux, que la tristesse de leur état
exposoit au crime ; à l'égard des personnes
qu'il ne pouvoit arracher au vice qu'en leur
fournissant ce que leur avoit fourni la lubri-

N v

cité. Il l'a fait à l'égard de ces Malades, à qui il a donné d'une main les alimens, & les Sacremens de l'autre. Pour n'être pas longs, nous allons rapporter deux de ses maximes qui disent tout, & qu'il a pratiquées toute sa vie. Pour le temporel, *malheur à celui qui n'est jamais trompé en fait de charité :* pour le sprituel, *mille vies, mille vies pour le salut d'une Ame.*

SA RELIGION. Elle sembloit née avec lui, & nous avons vu son enfance même consacrée à cette vertu. Son cœur déjà étoit comme un Temple que remplissoit la majesté du Seigneur, & ses lèvres annonçoient ses louanges avec une préparation, une ponctualité & une ferveur qui plaisoit à Dieu, & édifioit les hommes. Tous les âges suivans ont donné des preuves nouvelles de sa religion : quelle modestie, quel recueillement dans le Lieu saint ! Quels soins pour en procurer la décence, la propreté, l'ornement, quand une fois il en fut chargé comme Sacristain ou comme Acolyte. Il vouloit y employer le temps même de son sommeil, s'il avoit été nécessaire : déjà on auroit pu faire de lui l'éloge que St. Jérôme faisoit du fervent Népotien. Il examinoit, avec une scrupuleuse vigilance, si l'Autel étoit paré, fi les murs du Temple étoient chargés de pouffière, fi les plafonds étoient couverts de toile d'Araignée, fi le pavé étoit bien balayé, les portes bien gardées, la Sacriftie bien rangée, fi les Vafes deftinés au fervice de l'Églife reluifoient, fi les cérémonies fe faifoient bien. Eh! qu'ai-je dit, il l'examinoit! Je devois dire que c'étoit là fa piéufe follicitude. Il ne négligeoit pas ce qui paroît petit aux yeux des hommes, & fon attention portoit généralement fur tout. Il avoit confié à fon bon Ange toute fon agilité & toute fon activité ; & il fembloit que pour l'en récompenfer, Dieu lui avoit donné de faire toutes ces chofes avec aifance & avec grâce. Dans les places diftinguées qu'il a occupées, il a toujours aimé ces pieux exercices, & il s'en acquittoit par lui-même, lorfque les bienféances ne s'y oppofoient pas. Nous l'avons vu de nos yeux, & bien d'autres perfonnes l'ont vu comme nous, pliffer des Surplis & des Aubes, prendre un foin particulier des Ornemens, balayer des Sacrifties & des Chapelles. Il n'étoit pas convenable qu'il balayât lui-même l'Églife de Ste. Marie, où règne la propreté, mais il payoit pour qu'elle fût balayée plus fouvent encore que de coutume.

N vj

Si le St. Sacrement devoit être porté en procession, il s'efforçoit de procurer toute la magnificence & toute la pompe qui doit accompagner cette action auguste de notre Religion. Il se donnoit mille mouvemens pour que les rues fussent bien parées, & bien plus encore pour que tout se fit avec édification, & que les cœurs, sur-tout ceux qu'il dirigeoit, fussent brûlans. Si le Saint-Viatique devoit être porté chez les Malades, il aidoit avec plaisir à préparer la chambre ; & comme nous l'avons dit, il montoit lui-même sur des échelles, pour attacher aux murs les draps destinés à les couvrir.

Il observoit, avec la plus grande attention, toutes les rubriques, mais sur-tout celles de la Ste. Messe : la gravité dans les pas à faire, la modestie dans l'élévation des yeux ou des mains, l'exactitude & la décence dans les signes de croix, le ton convenable dans la prononciation ; mais par-dessus tout, un recueillement si profond, qu'il exposoit aux yeux de tous les Spectateurs la Religion du saint Prêtre, & qu'il les en pénétroit eux-mêmes : & si on a pu dire d'un autre Prêtre, qu'il convertissoit en disant seulement la Messe, on pouvoit dire de celui-ci qu'il élevoit infiniment à Dieu par sa manière de la dire.

Il n'y a pas un seul objet, appartenant à la Religion, qu'il ne respectât profondément, & qu'il ne traitât, si nous osons le dire, d'une manière divine : l'Eau bénite, les Reliques, les Croix, tout lui imprimoit une profonde vénération. Les Bénitiers lui retraçoient les Fonts baptismaux ; les Reliques, la sainteté de nos corps & leur destination glorieuse ; les Croix, l'immense charité de Jesus-Christ. Le Samedi saint, il alloit rendre hommage à celles que l'on met sur les routes, & nourrir sa componction & sa reconnoissance. Jamais il ne passoit devant une Église sans ôter son chapeau, pour saluer, au moins, le St. Sacrement, s'il ne pouvoit pas entrer pour l'adorer à platte terre. L'encens qu'il recevoit au milieu du Service divin, l'humilioit, disoit-il, profondément, mais il élevoit son ame, & lui faisoit plus sentir la dignité du Chrétien avec qui le Seigneur ne dédaigne pas de partager un hommage, qui semble ne convenir qu'à la Majesté suprême : une philosophie superbe imagine qu'il n'y a que les grands objets qui intéressent la Religion, & traite de minuties mille pratiques religieuses, si elle ne va pas jusqu'à les traiter de cagotisme. La prière avant & après le repas est de ce nom-

bre : l'Abbé de Laroque ne s'en dispensoit jamais ; & si toujours il ne pouvoit pas satisfaire
à sa piété par la longueur, il y suppléoit par
une ferveur plus profonde & plus intime. Il
savoit que tout doit être sanctifié par la prière,
& il rappeloit souvent ces milliers d'Hommes reconnoissans qui, après avoir été mi-
raculeusement nourris par Jesus-Christ, vouloient mettre la couronne sur sa tête. Cet
exemple en effet seroit bien propre à bannir
ce bel air qui passe du Monde dans la Religion même : il s'affligeoit à la vue ou au seul
souvenir des cérémonies saintes, ou mal faites, ou négligées, sur-tout à l'Autel. « On se
» pardonne à cet égard, disoit-il, & on se
» pardonne trop facilement les fautes d'oubli,
» d'ignorance ou d'inadvertance. Il n'en étoit
» pas de même chez les Juifs & chez les
» anciens Religieux : tout péché d'ignorance
» étoit expié par un sacrifice ; tout manque-
» ment devoit être suivi d'une réparation &
» d'une satisfaction proportionnée à la faute ».

Il est incroyable à quel point il portoit le
respect pour les Temples. S'il étoit obligé de
parler quelques minutes à des personnes qui
avoient à faire à lui, il alloit à la porte pour
ne pas troubler le silence du Lieu saint : il

lui arriva une fois d'y entendre quelque chose de très-risible , & son humeur gaîe ajoutoit à la tentation ; mais pour n'y pas succomber, il se fit une si grande violence, qu'il pensa, de son propre aveu, lui en coûter la vie.

S'il traitoit ainsi les choses saintes , on doit penser avec quelle profondeur de respect il traitoit la sainteté de Dieu même. Il ne prononçoit jamais ce nom adorable, sans réveiller en lui le sentiment de l'adoration : il n'entreprenoit rien de considérable qu'au nom de la très-Sainte Trinité , & après avoir invoqué les trois adorables Personnes. A son réveil, à son coucher, & souvent pendant le jour, il se consacroit entièrement à elles, en s'anéantissant en leur présence.

SA DÉVOTION ENVERS LA SAINTE VIERGE. Depuis son enfance il s'étoit accoutumé à regarder l'auguste Marie, (c'est ainsi qu'il l'appeloit), comme sa mère, & il lui étoit fort ordinaire de dire : « Je n'ai d'autre mère que » Marie ». Ce nom seul le ravissoit, & il disoit souvent avec St. François de Salles : « Le nom de Jesus & de Marie sont si doux, » que nous ne devrions jamais les prononn-» cer sans nous lécher les lèvres ». Qu'importe que la philosophie adopte cette express ſion, ou s'en moque, la piété exprime ce qu'elle ſent d'une manière énergique, & ſon langage vaut mieux ſans comparaiſon que celui de la vanité.

Nous l'avons vu conſacrer à cette Reine des Cieux ce qui lui étoit le plus cher, & lui confier le dépôt de ſa virginité : il lui recommandoit confidemment toutes ſes entre-priſes ; il s'aſſocia à toutes les Confréries qui lui rendent un culte particulier, & il y enrôla toutes les perſonnes de l'un & de l'autre ſexe qu'il put y enrôler. Tous les jours il diſoit le Chapelet, quelquefois le Roſaire, ſouvent dans les rues même & dans les chemins, mais alors il ne comptoit les *Ave* qu'avec ſes doigts. Il diſoit avec plaiſir la Meſſe dans les lieux où elle étoit ſpécialement honorée ; & on peut avec raiſon le mettre au nombre de ſes plus fidelles, & de ſes plus dévots Serviteurs.

SA DÉVOTION ENVERS LES STS. ANGES ET LES STS. PATRONS. Il leur rendoit des hommages journaliers, & il les ſaluoit même juſqu'à dix fois par jour, il les regardoit comme ſes frè-res & ſes amis : « Je vous donne, diſoit-il, » à ſon Ange gardien, je vous donne mon » agilité pour le Service divin, ma propreté

» à l'Église... Je m'engage à ne jamais vous
» contrister aucunement, & je signerois volon-
» tiers ce contrat de mon sang ». On n'a pas
oublié qu'il avoit pris son Patron pour son
Précepteur, qu'il lui avoit confié toutes ses
récréations, en le priant de les lui présenter après sa mort innocentes comme les siennes : « Je tâcherai, dit-il, de le copier comme
» un Écolier copie son Maître ». Outre le Patron qu'il avoit reçu au Baptême, il s'étoit
donné St. François de Salles ; & toute sa vie,
depuis qu'il fut Prêtre, s'est passée à en faire
revivre l'esprit. St. Joseph étoit aussi pour lui
un Saint de prédilection. La manière dont
il s'adressoit à eux, étoit pleine d'une simplicité touchante ; mais il n'est pas possible
de tout rapporter sans passer les bornes mises
à notre travail ; & si nous parvenons à faire
saisir l'esprit de l'Abbé de Laroque, on nous
suppléera facilement.

Son Humilité. Cette vertu est la base des
vertus chrétiennes, comme la charité en est
le sommet. Jesus-Christ a voulu que nous
l'apprissions de lui avec la douceur : c'est qu'en
effet avant lui personne au monde ne l'a
donnée comme lui. Ce Dieu Sauveur étoit
doux & humble sans emphase & sans osten-

tation. L'Abbé de Laroque, qui toute fa vie a fait tout ce qu'il a pu pour devenir une image vivante de fon Maître, s'eft fur-tout appliqué à le devenir en ce point : il avoit été doux & humble de cœur dans l'enfance même au fein de fa famille, avec les gens qui le fervoient, ce qui, pour le dire en paf-fant, n'eft pas une petite preuve de douceur. Il l'avoit été au Collége, où fa rare douceur raviffoit fes Maîtres & fes Condifciples : il l'avoit été au Séminaire, où l'on comparoit fa douceur à celle d'un Agneau qui ne fait pas même fe plaindre, tant il eft loin de fe venger ; il l'a été dans tous les lieux & dans toutes les places qu'il a occupées. C'étoit fa maxime, d'après celle de J. C. même, qu'il ne faut achever d'éteindre le lumignon fumant, ni achever de brifer le rofeau fêlé : c'étoit fa maxime auffi, que la voix d'un Prêtre fur-tout ne devoit pas plus que celle du Meffie, être entendue dans les rues.

L'humilité & la douceur de l'Abbé de La-roque font fi généralement reconnues, que nous pourrions peut-être nous difpenfer d'en parler ; mais nous penfons qu'il convient au moins pour l'exemple, de mettre fes fenti-mens à cet égard fous les yeux du Lecteur.

Toujours il étoit occupé de sa misère , & il étoit pour lui-même un impitoyable Censeur. Jamais les Juifs n'apportèrent tant de soin pour ôter de leur maison, au temps de Pâques, les miettes même du pain levé , que notre Abbé en apportoit sans cesse , pour bannir de son cœur jusqu'aux miettes, si j'osois le dire, du levain de la vanité. Il analysoit son ame, il se faisoit rendre un compte sévère de ses motifs & de ses vues ; il s'examinoit, ce sont ses termes, comme le Démon l'auroit examiné lui - même pour être son accusateur devant Dieu. Après cette rigoureuse recherche, où rien n'étoit échappé, & où tout avoit été grossi, il se disoit à lui - même avec un sentiment de mépris, & presque d'indignation : « j'ai » trop bonne opinion de moi.... Je suis un » aveugle & une bête incapable de tout bien, » & uniquement propre à faire des fautes réel- » les. Je suis surpris que le bon Dieu veuille » se servir de moi pour rien.... je n'ai mérité » que l'enfer, & peut-être je le mérite en- » core.... Je suis un misérable, & un misérable » en toutes manières, en faisant le mal & » en gâtant le bien.... Misérable à raison de » mon ingratitude, misérable à raison de ma » résistance à la grâce.... Quelque chose que

» je faſſe, je ne mérite que du mépris. Si
» on m'en donne, voilà bien ce qui m'ap-
» partient : fi on me loue, on fe trompe, &
» Dieu me punit en permettant que je fois
» tenté de lui ravir ce qui eſt à lui.... A Dieu
» feul appartient tout honneur & toute gloire ;
» & à moi, toute confufion & toute humi-
» liation.... Pourrois-je être tenté de vanité
» du côté du Miniſtère ? Ah ! il eſt de foi
» que tout don parfait defcend du Père des
» lumières, & que dans l'ordre de la grâce
» fur-tout rien n'eſt que par lui. Toute bonne
» réflexion que je pourrois faire, tout confeil
» utile que je pourrois donner, toute direc-
» tion efficace, tout eſt donc de Dieu, tout
» vient donc de Dieu, tout doit donc retour-
» ner à Dieu.... Suis-je feulement capable de
» former une bonne penſée ? Sur toutes chofes,
» ô mon Dieu, faites-moi bien fentir cette vé-
» rité, que je ne vous fuis pas plus utile qu'un
» fac de fumier ou d'ordure.... Je ne crois
» pas qu'il foit dans l'ordre du Seigneur que
» je faſſe quelque chofe pour me faire mé-
» prifer, mais au contraire que je faſſe tout
» ce qui eſt attaché à mes fonctions du mieux
» qu'il me fera poſſible ; mais fi en faifant
» le bien de mon mieux, j'attire fur moi des

» railleries & des mépris, ô l'heureux état,
» ô les mépris utiles ! Ce sont ceux de Jesus-
» Christ & des Saints. Je vous supporterai,
» non-seulement avec résignation, mais je
» vous aimerai, mais je vous embrasserai ten-
» drement, vous me rendrez plus conforme
» à mon Sauveur & à mon Maître. Il me
» semble que s'il m'étoit permis, je vous
» rechercherois au moins quelquefois ».

Tout cela est extrait des écrits de l'Abbé de Laroque, & sa conduite répondoit parfaitement à ces humbles dispositions. Toujours il a fui dans ses études tout ce qui ne pouvoit servir qu'à la vanité. Jamais il n'a fait parade de ses connoissances : il n'a parlé de lui que par nécessité, il a tû son nom & ses titres dans les lieux où il n'étoit pas connu ; & malgré son désir ardent de célébrer les saints Mystères, il a mieux aimé ne le faire pas, que de dire qui il étoit, & ce qu'il étoit. Jamais il n'a voulu rien changer à un langage simple, & à un ton au-dessous de lui, ce semble ; il auroit eu peur de déchirer un voile qui servoit merveilleusement son humilité, & qui lui attiroit, même de la part de ceux qui ne le connoissoient pas, quelque mésestime. Jamais il n'a su ce que c'étoit que

de difputer ou de foutenir fon fentiment lorfque la gloire de Dieu n'y devoit rien perdre,
il a toujours cédé fans aucune réfiftance, &
il a toujours vécu fans prétention. Les honneurs de l'Églife l'ont effrayé ; & fi Dieu l'a
élevé malgré lui, ce n'a été fans doute que
pour le récompenfer de s'être humilié lui-
même profondément ; en forte que fi on rappelle les poftes honorables qu'il a occupé, &
les fuccès qu'il a eu dans le Miniftère, on
peut bien lui appliquer ce que St. Bernard
difoit de St. Martin : « Jamais Dieu ne lui
» auroit fait tant de grâces s'il n'avoit pas été
» humble ». Heureux les Prêtres qui n'oublient
jamais cette maxime de l'Homme-Dieu : *Si je
cherche ma gloire, ma gloire n'eft rien !* Heureux les Peuples qui font conduits par de tels
Prêtres !

SA PATIENCE. Cette vertu qui coûte tant à la
nature, cette vertu qui demande une ame
forte, il la pratiqua dans un âge où elle n'eft
pas même connue. Il s'exerça de bonne heure
à foufirir la faim fans fe plaindre, & fans fe
procurer les foulagemens qu'il avoit en main.
Il facrifia, fans murmure, fes goûts les plus
innocens. Bientôt après ce premier âge, il
fouffrit des traitemens barbares, fans vouloir

prendre aucun des moyens qui pouvoient les faire cesser, & sans vouloir en découvrir les auteurs. Pressé un jour par son Confesseur de les faire connoître, il lui répondit : « Je vous » conjure de ne pas l'exiger : je trouve, malgré » ma frayeur & mes douleurs, tant de satis- » faction à souffrir, j'éprouve tant de conso- » lation dans l'Oraison, tant de douceur dans » mes Communions à l'occasion de ces souf- » frances, que je crois bien que c'est la vo- » lonté de Dieu que je souffre ; & dès-lors ce » doit être la mienne. » On trouve, dans un Règlement de vie qu'il se fit à cet âge (17 ans) la résolution courageuse de tout souffrir pour Jesus-Christ, la faim, la soif, les railleries, les mépris, & la mort même, s'il le faut, la plus cruelle. On a vu avec quelle patience il souffroit des douleurs aigues, les opérations nécessaires, & le régime pire peut-être que les douleurs & les opérations : on a vu avec quel courage il coupoit lui-même jusqu'au vif, à l'aide d'un rasoir, les chairs de la tumeur qui lui étoit restée. Dans toute la suite de sa vie, à quelles épreuves ne fut pas mise sa patience ? Que de contradictions à soutenir ! Que de reproches dans l'exercice du Ministère & de ses bonnes œuvres ! Que de railleries !

Que de blâmes ! Que d'orages se formèrent contre ses entreprises ! Et combien de fois ses projets semblèrent-ils sur le point d'être renversés ! Son zèle parut excessif ; sa facilité à donner, un défaut de discernement ; son assiduité au Tribunal de la Pénitence, un goût qui ne lui faisoit pas assez d'honneur. Il souffrit tout ; & sans se rebuter, il eut le courage d'aller jusqu'au bout, comme un voyageur, avide du terme de son voyage, marche toujours sans s'arrêter, malgré les frelons qu'il rencontre sur sa route. Nous pourrions dire : malheur au Prêtre qu'on ne blâme pas ! C'est une preuve que le bien qu'il fait, n'irrite ni le démon ni le monde, puisqu'il ne lui en attire pas la haine & la persécution ; & conséquemment ce ne peut être qu'un très-petit bien.

Les peines dont nous venons de parler, n'étoient pas les seules que souffrit l'Abbé de Laroque : il perdit dans sa famille, & hors de sa famille, les personnes les plus chères, & ces pertes faisoient à son ame sensible la plaie la plus vive & la plus profonde ; mais rien ne fut capable d'altérer sa patience, sa soumission & sa paix : son acquiescement à la volonté du Seigneur étoit parfait. Ne cachons pas une épreuve plus sensible encore.

Il

Il eut de grands succès dans le Ministère ; mais il trouva des ames qui ne répondirent pas à ses soins, qui, hors du Tribunal, & dans le Tribunal même, lui firent des reproches amers, & finirent par rester dans le crime, ou par y retourner après l'avoir quitté. Voilà sans doute le plus cruel déchirement que puisse éprouver un Ministre affamé de la gloire de Dieu & du salut des Ames ; mais ce déchirement n'excita en lui aucun murmure, & ne produisit aucun découragement : il n'en discontinua pas pour cela l'œuvre du Seigneur, & il le regarda comme une humiliation qu'il avoit méritée, ou qui entroit dans l'ordre de Dieu.

Lorsqu'il prévoyoit les peines, il les saluoit, comme St. André salua la Croix où il alloit être attaché. « Me voilà bien gâté, disoit-il » alors dans son style familier, me voilà bien » gâté, de souffrir quelque chose pour Jesus- » Christ ; Jesus-Christ le souffriroit bien pour » moi... Ah ! il l'a déjà fait ! Ses tourmens » & ses ignominies m'ont racheté ; & je » pourrois, moi, refuser de souffrir quelque » chose pour sa gloire !... Non, non ! qu'elles » viennent, ajoutoit-il, en passant de la pa- » tience à l'amour des souffrances ; qu'elles

» viennent fondre fur moi toutes les humi-
» liations poſſibles , & ce ſera bien peu encore
» que je ſouffrirai pour Jeſus-Chriſt ! . . . J'ai
» honte de faire une telle démarche... Ah !
» c'eſt de cette honte que je dois rougir , &
» non de la démarche qui cauſe ma honte » !

Sa Mortification. Elle étoit grande, & point connue , parce qu'il la cachoit ſous l'extérieur le plus gai poſſible. Il redoutoit la réputation d'homme mortifié, parce qu'il craignoit qu'elle ne nuiſît à ſon miniſtère. Nous en avons rapporté une preuve remarquable; c'eſt lors de ſon accident fort approchant de la paralyſie. Mais s'il redoutoit la réputation d'homme mortifié , il aimoit la mortification elle-même, & il l'a portée beaucoup plus loin qu'on ne penſe. Il eſt très-rare , depuis ſa jeuneſſe juſqu'à ſa mort, qu'il ait mangé & dormi ſuffiſamment : il s'eſt toujours chauffé peu ; il grelottoit ſouvent en hiver, non-ſeulement dans les rues, mais dans ſa propre chambre, parce qu'il ſe tenoit preſque toujours loin du feu, au moins s'il étoit ſeul. Souvent il n'étoit pas ſuffiſamment couvert par les temps les plus froids, ſoit qu'il ne voulût pas ſe mieux couvrir, pour ſouffrir davantage, ſoit que l'abondance de ſes aumônes ne lui en laiſſât pas le moyen. Il porta de très-bonne heure un cilice, & il le portoit les années entières sans jamais le quitter; il prenoit la discipline plusieurs fois la semaine, & trop souvent jusqu'au sang : il jeûnoit aussi plusieurs jours de la semaine; & il a gardé jusqu'à la mort la pratique de jeûner tous les vendredi & samedi, excepté le temps paschal. Nous l'avons vu prendre la résolution de souffrir impitoyablement toutes les piqûres; & il n'est personne qui ne sache combien cette pratique est difficile & mortifiante durant l'été.

Mais toute cette mortification extérieure n'étoit rien, en comparaison de la mortification intérieure. Son principe étoit de ne jamais rien faire pour le plaisir, de n'écouter pour rien ses penchans, & de combattre en tout point sa volonté propre : de-là, il n'y avoit pas une de ses actions libres qui ne portât l'empreinte du renoncement à lui-même, & le caractère de l'obéissance à ses devoirs.

« Je distinguerai, dit-il, deux sortes de
» mortifications : il en est qui s'offrent d'elles-
» mêmes; il en est de surajoutées. A l'égard
» des premières, je serois un abominable, si
» je ne les prenois pas comme je dois les
» prendre, dans quel genre que ce puisse être,
» non-seulement avec un acquiescement en-

» tier, mais encore avec amour. La volonté
» de Dieu y eſt marquée, de quelque part
» qu'elles nous viennent, de Dieu, de la na-
» ture, du démon, ou des hommes. Quant
» aux mortifications ſurajoutées, il en eſt auſſi
» de deux ſortes; il en eſt qui pourroient
» nuire, & d'autres qui ne peuvent qu'aider
» à l'eſprit, en aſſujettiſſant le corps. Je ſerai
» ſobre dans celles qui pourroient nuire, &
» je me contenterai de gémir ſur l'humiliante
» néceſſité de ſatisfaire à des beſoins abſolus,
» mais qui nous rapprochent fort des bêtes :
» quant aux autres, je tâcherai de m'en rendre
» l'uſage familier. » C'eſt à ces vues que nous
devons rapporter toutes les réſolutions que
nous l'avons vu prendre dans ſes Retraites,
& toutes les mortifications que nous l'avons
vu pratiquer durant ſa vie.

Sa Modestie. Un homme mortifié ne peut
manquer d'être modeſte, puiſque la mortification va même plus loin que la modeſtie. Quoiqu'il en ſoit, celle - ci doit être telle dans un
Eccléſiaſtique, qu'elle ſoit connue de tout le
monde. Elle étoit ſi éminente en Jeſus-Chriſt,
que St. Paul a cru pouvoir exhorter les Fidelles
par cette modeſtie. Elle doit tout régler, l'eſprit,
le cœur & le corps, c'eſt-à-dire, les penſées,
les ſentimens & les œuvres. Il n'eſt peut-être

pas de vertu sur laquelle les Conciles & les Pères se soient plus étendus, & dont ils ayent plus multiplié les règles : ils en prévoyoient la nécessité ; & ils savoient que c'est de cette vertu surtout que dépend le bon exemple ou le scandale que donnent les Clercs. Qui oseroit entrer dans le détail de ces saints Règlemens, & souffrir la confrontation ! L'Abbé de Laroque les a toutes retracées dans sa conduite : il se regardoit comme un Vase sacré ; & comme l'Arche sainte qui punit de mort une main profane & téméraire qui la touche, il ne se permit jamais une privauté. Ses yeux, purs comme ses mains, ne savoient pas même quelle étoit la figure d'une personne du sexe qu'il avoit entretenu deux heures : sa langue ne se permit jamais une bouffonnerie, & moins encore une parole équivoque ou immodeste. Ses discours furent toujours les discours d'un Prêtre, & comme les discours de Dieu. Quoique naturellement gai, il ne laissoit pas que d'être grave, & il allioit parfaitement la civilité avec la gravité. Ses habits étoient ecclésiastiques en tout : point de soie sur lui que sa ceinture, dont l'usage est aujourd'hui reçu ; point d'autre forme de vêtement, qu'une soutane ou une soutanelle ; point d'autre couleur

que la noire. Ses cheveux étoient courts &
point frisés ; jamais le fer ne passa dessus que
pour les couper ; il ne se servoit même pas
de pommade liquide. Le luxe lui parut toujours, comme il l'est en effet , un péché dans
les gens du monde , & un grand crime dans
les Clercs. Les modes & les allures du monde
lui sembloient non-seulement une grande fa-
tuité dans un Ecclésiastique , mais une grande
brèche faite à la dignité & à la gravité de
notre état : il aimoit mieux en gémir qu'en
parler ; mais quand certaines circonstances
amenoient la nécessité de le faire , il disoit :
« On se trompe beaucoup , si on croit gagner
» la confiance du monde en s'habillant com-
» me lui, & en se glissant dans ses sociétés.
» Il est peut-être sans exemple qu'un mondain
» mourant ait fait appeler auprès de lui un
» Prêtre qui auroit lui-même le malheur d'être
» mondain. Les goûts & les allures du monde
» rendent toujours un Prêtre méprisable, parce
» qu'il semble tourner le dos à son état ; &
» quand elles ne seroient pas toujours un
» crime en elles-mêmes , elles sont en lui
» très-révoltantes, & elles annoncent au moins
» une ame peu sacerdotale , pour ne rien dire
» de plus. » Si on osoit condamner les senti-

mens de l'Abbé de Laroque, il faudroit condamner St. Ambroise & St. Charles Borrhomée,
qui refusèrent d'admettre dans le Clergé, des
jeunes gens, pour cela seul que leur extérieur
étoit trop formé sur le modèle du monde. Eh!
que pourroit attendre l'Église d'un Ministre
qui n'auroit pas la force de mépriser ces
vaines superfluités! Il faut être propre, sans
doute; il faut éviter avec soin une mal-pro-
preté révoltante : mais pour cela est-il donc
nécessaire d'être mondainement frisé & mondainement vêtu ? Tout ce qui nous rapproche
du monde nous est interdit, si on en excepte
le zèle.

SA MANIÈRE D'ENVISAGER ET D'EMPLOYER
LES REVENUS ECCLÉSIASTIQUES. On se souvient
de ses principes sur ce point, & de sa pratique :
mais peut-on le trop répéter, dans une Vie écrite
presque uniquement pour les Clercs? On voit
en ceci, plus sensiblement peut-être qu'en
toute autre chose, la grande connoissance qu'il
avoit des véritables règles, la noble générosité
de son ame, sa singulière confiance en Dieu,
l'extrême détachement dans lequel il vivoit,
& surtout l'étendue immense de la charité qui
l'animoit. Il ne considéra jamais les revenus
ecclésiastiques que comme le patrimoine des

Pauvres, la dotation des Temples ; en un mot,
un fonds deſtiné aux bonnes œuvres. Les faire
ſervir au luxe, à des ameublemens ſomptueux,
à des ſuperfluités quelconques, ou à de trop
grandes commodités, ce fut toujours à ſes yeux
une profanation : & en effet, quel que puiſſe
être l'uſage actuel, il n'a pas dénaturé les biens
de l'Égliſe, & il n'a pas pu changer l'intention
des Fondateurs. Quel que ſoit le titre de l'obligation où nous ſommes, l'entretien honnête
une fois prélevé, d'employer ces biens en
œuvres pies ; quel que ſoit, diſons-nous, le
titre de cette obligation, l'obligation n'eſt pas
moins réelle ; & tout ce qui reſte dans nos
mains, après un entretien formé ſur les règles
& les décences de notre état, n'en eſt pas
moins grevé de cette obligation. Nous n'en-
trerons, ſur ce point, dans aucun détail des
règles & des fortes raiſons qui les étayent ;
nous en dirions toujours trop pour les Prêtres
inſtruits qui les connoiſſent & les pratiquent
mieux que nous, & nous n'en dirions pas
aſſez pour les jeunes Clercs : nous déſirerions
ſeulement qu'on mît ſous leurs yeux, dans les
Séminaires, les ſaintes règles, & les exemples
frappans que nous offre là-deſſus la Diſcipline
eccléſiaſtique ; & nous ajouterons que cette

connoiſſance feroit plus de bien peut-être à
l'Égliſe, que certaines autres connoiſſances
qu'on a beaucoup plus de peine à acquérir,
& qui portent beaucoup moins de fruits. Il
faudroit, de nos jours, plus édifier qu'inſtruire :
nous ne voyons que peu de converſions opé-
rées par nos meilleurs Controverſiſtes ; & l'on
peut compter par milliers, celles qu'ont opéré
des Prêtres vivant bien. Rien ne rend les
raiſons ſi convaincantes & ſi perſuaſives, que
la conduite édifiante de celui qui raiſonne.
D'après cette digreſſion, trop longue ſi elle
n'eſt pas utile, voyons l'emploi que fit de ſes
revenus l'Abbé de Laroque.

Il en étoit fort médiocrement pourvu, avant
que de devenir Membre du Chapitre de l'Égliſe
d'Auch, & déjà il faiſoit de grandes aumônes ;
il penſoit même à ſe retrancher davantage,
pour faire une penſion qui lui ſembloit néceſſaire. Devenu Chanoine, il voulut vivre
dans un Séminaire, où il n'employoit pas le
quart de ſon revenu pour lui, & les trois
quarts reſtans étoient employés en œuvres pies.
Très-ſouvent, ſi l'on avoit exigé d'avance ſa
penſion, toute modique qu'elle étoit, il n'auroit pas eu de quoi la payer : il vivoit au jour
la journée ; & ſi ſon embarras tranſpiroit, &

ôtoit aux nécessiteux la liberté de lui demander
des secours, il disoit d'un ton agréable, &
propre à rendre cette liberté : « Je suis charmé
» de savoir comme on est, quand on est sans
» argent, & mon embarras ne durera guère ;
» un Chanoine a toujours des ressources. »
Elles étoient quelquefois un peu courtes : une
assistance au Chapitre ou à un Obit, faisoit
quelquefois tout son fonds ; & il disoit alors
fort gaiement à quelque Ami de cœur : « Vous
» voyez bien que je n'ai pas été long-temps
» sans argent. Vous avez été fort prudente,
» écrivoit-il un jour à une personne qui s'étoit
» intéressée auprès de lui pour un pauvre hon-
» teux, vous avez été fort prudente de ne pas
» lui annoncer que je lui donnerois. La vérité
» est que je suis moi-même à l'aumône, tant
» on m'a tiraillé de toute part. Je n'ai en toute
» somme que douze francs, pour aller jusqu'à
» Pâques. » Il écrivoit dans les premiers jours
de Mars.

Devenu successivement Archidiacre & Prévôt,
il ne voulut pas avoir une maison à lui, pour
économiser en faveur des pauvres ; il ne fit
que payer une pension plus forte, pour retenir
les Ecclésiastiques de la Campagne, & nous
avons déjà fait l'éloge de cette destination de

ſes revenus : il n'acheta pas un couvert d'argent ; il n'eut point de voiture, point de chevaux ; il ne prit pas un ſecond domeſtique ;
il ne fut pas mieux vêtu qu'auparavant : il
falloit que des perſonnes reſpectables pour-
vuſſent à ſes beſoins, parce que lui-même
n'y penſoit pas. Nous nous ſommes trouvé
deux fois avec lui, près de deux Dames différentes : la première lui fit faire une robe de
chambre, pour remplacer celle qu'il portoit,
& qui véritablement étoit déchirée à un point
d'indécence : s'il l'avoit offerte à un pauvre,
il lui ſeroit vraiſemblablement arrivé ce qui
arriva à St. Charles Borrhomée ; un pauvre refuſa la ſienne, parce qu'il ne pouvoit pas s'en
couvrir : l'autre de ces Dames lui demanda
trente francs, comme ſi elle avoit voulu les
lui emprunter, & elle ajouta : « Je ſais que
» vos Fermiers ſont venus, ne me les refuſez
» pas. Oui, répondit l'Abbé de Laroque en
» riant ; & vous êtes fort heureuſe de me
» prendre dans ce moment, un inſtant plus
» tard vous n'y étiez plus à temps. » Deux
jours après, elle lui envoya des mouchoirs,
parce qu'elle avoit vu que celui dont il ſe
ſervoit ne pouvoit plus ſervir. Nous ſavons
que quelqu'autre perſonne lui fit faire des

chemifes, & les plus neuves qu'on trouva à
fa mort lui étoient venues par cette voie. On
fent bien qu'il payoit, & qu'on n'en étoit
que pour l'avance; mais cela ne prouve pas
moins combien il étoit inattentif fur fes propres befoins, & qu'il n'étoit affecté que des
befoins d'autrui... On fe fouvient de ce qu'il
fit pour les malades, pour les familles honteufes, pour les filles en danger de leur vertu,
pour la maifon de la Providence; les Églifes
fe reffentirent auffi des profufions de fa charité:
rien ne le touchoit plus, quand il les vifitoit
comme Archidiacre ou Grand Vicaire, que de
les voir pauvres ou mal tenues; & fouvent
ce qu'il n'ofoit ordonner, il le fourniffoit du
fien propre.

On nous permettra bien de dire que cet
ufage des revenus eccléfiaftiques étoit conforme à leur deftination, & bien préférable aux
fuperbes bâtimens, aux lambris dorés, aux
élégantes voitures, aux riches harnois, aux
tables délicates, aux habits précieux, à la
recherche des parures, à un jeu habituel &
fcandaleux. Ah! pour rendre à l'Églife tout
fon luftre, pour la fauver des mains d'une
haine jaloufe qui la perfécute, & qui, comme
le dragon, ouvre fa guéule pour la dévorer,

Il ne faudroit peut-être que ce digne emploi
de ses revenus ! Le moyen d'envier les richesses
de ces hommes, qui les mépriseroient en les
possédant ; qui ne les posséderoient pas pour
eux, mais pour autrui ; qui, loin de les am-
bitionner, ne les retiendroient que pour sub-
venir aux misères particulières & publiques,
& qui, pour tout dire en un mot, seroient
communes à tous ceux qui n'en ont pas ? C'est
le langage de Julien Pomère. Aussi n'envia-t-on
jamais les richesses des Chrysostômes, des
Ambroises, des Augustins, & d'une multitude
d'autres Saints qui étoient pauvres pour eux,
& n'étoient riches que pour les autres.

On doit sans doute quelque chose aux rangs,
aux dignités que l'on a dans l'Église ; & il est
des décences d'état que la Religion autorise,
ainsi que la raison : mais il y a loin de ce que
la Religion accorde, à ce que le trop grand
amour de soi & la vanité ont introduit. Si l'on
en agit ainsi pour attirer sur les malheureux
la faveur des Grands, on doit savoir, disoit
St. Jérôme, que les Grands l'accordent bien
plutôt à un Clerc vivant selon son état, qu'à
un autre ; & qu'en tout événement, il vaudroit
mieux se passer de cette faveur, que de l'a-
cheter aux dépens des règles, & se contenter

de repréfenter à Jefus-Chrift les befoins des
pauvres.

SON AMOUR POUR SES PARENS. C'eft ici un
écueil trop ordinaire pour les Eccléfiaftiques.
Ce n'eft pas que cet amour foit un crime par
lui-même , & le fentiment contraire le feroit
bien plutôt. Renfermé dans les bornes que la
Religion lui donne , il eft une vertu qui doit
être chère aux Eccléfiaftiques, comme à toutes
les ames honnêtes ; & il feroit fouverainement
indigne d'un Eccléfiaftique de ne pas aimer
les fiens , ou de les laiffer dans la fouffrance ,
lorfqu'il peut les en délivrer : mais fi on accorde tout à cet amour, il eft à craindre qu'il
n'entraîne au-delà des règles , & qu'au lieu
des fecours qu'on leur doit, on ne leur donne
un fuperflu qu'on ne leur doit pas, & que les
faintes Lois de l'Églife défendent étroitement
de leur donner. Plus l'Abbé de Laroque fentoit
en lui cet amour des proches , plus il s'en
défioit. Nous l'avons vu fe reprocher d'en
parler avec trop de fatisfaction , & fe roidir
contre la pente de fon ame , par cette belle
réponfe de Jefus-Chrift aux fiens : « Ne faviez-
» vous pas que je dois m'occuper des affaires
» de mon Père ? »

L'Abbé de Laroque aimoit très-fincérement

sa Famille, mais il l'aimoit en Chrétien, en Ecclésiastique, en Saint. Dans la crainte de s'y trop attacher, ou de trop faire pour elle, en arrivant de Paris il préféra le Séminaire à sa propre maison, ce qui lui donna ensuite la liberté de n'y habiter jamais. Il régla, autant qu'il le pouvoit, les visites qu'il feroit à ses parens, le temps qu'il leur donneroit, les repas qu'il y prendroit. « Je dinerai chez mes parens, » dit-il dans un de ses Règlemens, le moins » que je pourrai; & si je puis me réduire à » une ou deux fois par mois, je le ferai : si » au-delà de cette règle il se présente des » occasions bien pressantes, j'irai; si ce ne » sont que des occasions ordinaires, je m'en » abstiendrai.

Je sens, dit-il ailleurs, que je ne suis pas » encore assez libre à l'égard de mes Parens : » je crains trop de les mortifier, & de leur » refuser les choses qu'ils désirent, ou qu'ils » attendent selon les vues ordinaires du mon- » de : je veux me mettre pleinement en li-. » berté à cet égard : c'est de la volonté du » Seigneur que je dois me nourrir & vivre, » & non de celle de mes Parens. » Il faut avoir connu l'ame de l'Abbé de Laroque, pour être en état d'apprécier ce qu'avoient dû lui

coûter tous ces raisonnemens, toutes ces résolutions, & surtout leur exécution.

« Si l'on emploie la qualité de parent, dit-il
» encore ailleurs, pour obtenir de moi une
» chose que je devrai refuser, j'opposerai une
» vigoureuse résistance, & je suivrai l'exemple
» de Jesus-Christ, qui dit à sa Mère même,
» cette Mère si chérie & si digne de l'être :
» *Femme, qu'y a-t-il de commun entre vous*
» *& moi ?* ... Si on me suggère des vues
» d'avancement dans le monde, j'opposerai
» encore la réponse de Jesus-Christ, lorsque
» les siens vouloient l'engager à se produire
» & à se manifester au grand jour. C'est alors,
» continue-t-il, que je serai dans la pleine
» liberté où étoit le Prophète, lorsqu'il disoit :
» Seigneur, vous avez brisé mes liens, je vous
» offrirai un sacrifice de louange. » Précieuse
liberté ! que devroient avoir tous les Prêtres,
& quant à leurs revenus, & quant à leurs
parens... Qui pourroit compter tous les maux
qu'ont fait à l'Église le népotisme, & l'affection outrée pour sa famille !

Le grand objet de la tendresse de l'Abbé de
Laroque pour les siens, étoit le bien de leur
ame. On n'a pas oublié les soins empressés
qu'il donna à sa mère malade, mourante, &

morte, ainsi qu'à ses autres parens que la mort lui ravit: meilleur fils en cela & meilleur parent, qu'en prodiguant à sa famille des biens qui souvent n'enrichissent pas pour le temps, & qui plus souvent encore perdent pour l'éternité.

SES AMITIÉS. Il est ordinaire de mettre l'amitié au nombre des vertus morales, mais il est rare de pouvoir la compter parmi les vertus chrétiennes. Celle de l'Abbé de Laroque mérite une exception. La base & la fin en étoient si saintes, qu'elle se confondoit avec la charité. Il est juste de la faire connoître, dans un siècle où tous les sentimens semblent se réunir, ou plutôt se réduire à l'égoïsme. Cette vertu suppose deux cœurs qu'elle lie au point qu'ils n'en font qu'un. L'Abbé de Laroque regardoit chacun de ses Amis comme un autre lui-même, & il s'oublioit pour eux. Leurs peines, leurs chagrins, leurs plaisirs étoient les siens ; & s'il pouvoit leur épargner des déplaisirs & des disgraces en les prenant sur lui, il le faisoit volontiers. Leur avancement dans la vertu le ravissoit comme le sien propre, & il portoit devant Dieu leurs manquemens, comme les siens. Rapportons ses paroles, elles sont touchantes. « Tant que je

» ſerai avec N., non-ſeulement je tiendrai à
» lui de toute mon ame ; mais s'il fait quelque
» faute, je l'en avertirai avec la franchiſe d'un
» ami ; & quand la fin de nos études nous
» ſéparera, cette ſéparation ne portera pas
» ſur le cœur : ſi j'apprenois qu'il étoit venu à
» déchoir, je me ſervirai de tous les moyens
» poſſibles pour le ſauver, fallût-il aller chez
» lui (il s'agiſſoit d'un voyage d'environ cent
» lieues.) Toute ma vie je regarderai ſon
» Patron comme le mien, & je communierai
» le jour de ſa Fête, pour remercier Dieu
» des biens qu'il lui aura fait. Tous les matins,
» en offrant à Dieu ma journée, je l'offrirai
» pour lui comme pour moi : tous les ſoirs
» je demanderai pardon de ſes fautes comme
» des miennes. En me mettant ſous la pro-
» tection de Marie, je l'y mettrai avec moi ;
» & dans mon Acte de conſécration, j'expri-
» merai ſon nom avec le mien...Je demanderai
» chaque jour à Dieu, que nous le ſervions
» enſemble ; & que s'il veut ſe ſervir de nous
» pour porter ſon Nom chez les Nations in-
» fidelles, il nous envoie tous deux : nous
» ſommes prêts de nous ſacrifier pour ſa
» gloire . . . . . Si jamais j'oubliois de prier
» pour lui, en priant pour moi ; ſi jamais,

» en me repentant de mes fautes , j'oubliois
» de gémir fur les fiennes , je m'impoferai
» une pénitence. »

Quand l'Abbé de Laroque aimoit ainfi ,
il avoit feize à dix-huit ans , & jufqu'à fa
mort il a aimé de même , non-feulement cet
Ami , mais beaucoup d'autres. Arrivé à Auch ,
il fe lia d'une manière très-étroite avec plufieurs Prêtres amis du bien , comme il l'étoit
lui-même ; il prit avec eux les mêmes engagemens qu'il avoit pris avec celui dont nous
venons de parler ; & dans un Règlement de
vie tracé de fa main à cette époque , il dit :
« Je ferai fidelle à obferver ce qui a été con-
» venu avec ceux avec qui je fuis. »

Qui pourroit dire avec quelle tendreffe il
aima ce refpectable Supérieur du Séminaire
d'Auch , qu'il regarda comme fon père , &
ce vénérable Archidiacre avec qui il a vécu
jufqu'à fa mort? Jamais il ne les quittoit, fans
leur donner des marques d'un attachement
pur & fincère ; jamais il ne revenoit auprès
d'eux , fans démontrer la joie qu'il en avoit.
Dans le féjour qu'il faifoit à Auch , il ne ceffa
jamais d'avoir pour eux des prévenances &
des attentions que dictoit fon cœur. Lorfqu'il
les voyoit excédés de travail , il cherchoit à

les diſtraire & à les égayer ; & s'il pouvoit
leur éviter des ennuis, il n'y manquoit jamais ;
en un mot, il faiſoit leurs délices, comme
eux faiſoient les ſiennes.

O trop rare amitié ! bien différente de ces
amitiés particulières qui n'ont pour principe
que des trames & des complots, & qu'on regarde avec raiſon comme la ruine de la charité, & comme la perte des Maiſons eccléſiaſtiques & religieuſes ! O ſainte amitié, qui
appartenez eſſentiellement à la Religion ! puiſ-
fiez-vous croître & vous multiplier dans ſon
ſein ! La Fable ſe forgea des amis, la Philoſophie Pythagoricienne en montra deux,
quoique bien imparfaits, comme des pro-
diges ; le Chriſtianiſme ſeul peut former des
Amis tels que l'Abbé de Laroque.

Ce n'eſt point ici un éloge, ce n'eſt que la
ſubſtance, & comme le ſuc de ce que nous
avons pu recueillir de ſa Vie ; & combien de
traits nous ont néceſſairement échappé ! Dieu
ſe réſerve de les révéler au grand jour de la
manifeſtation. Toute la Vie de l'Abbé de Laroque, toutes les perſonnes qui l'ont connu
atteſtent ces vertus. Nous pouvons dire à la
plupart de nos Lecteurs : Nous n'avons écrit,
ſi on excepte ſa jeuneſſe, que ce dont vous

avez été auffi-bien que nous les témoins
oculaires. Nous l'avons tous vu de nos yeux,
nous l'avons touché de nos mains ; & combien, en lifant cette Vie, s'écrieront avec
douleur : l'Auteur n'a pas tout fu.

C'eft cette Vie fi pleine & fi édifiante, qui eft
le fondement folide de la profonde vénération
que nous avons pour l'Abbé de Laroque, &
de notre opinion de fa fainteté. Puiffe-t-elle
auffi être de plus en plus l'objet de notre imi-
tation !

F I N.

TABLE
DES MATIÈRES.

a

Fin de la Table des Matières.

APPROBATION.

J'ai lû, par ordre de Monseigneur le Garde des Sceaux, un Manuscrit intitulé : *Vie de M. l'Abbé de Laroque, Prévôt de l'Église d'Auch.* C'est la Vie d'un Saint, écrite avec la sincérité, le discernement, & le zèle qu'inspire le désir de célébrer les Saints & de les imiter. Elle sera un Monument glorieux pour ce siècle, & consolant pour la Religion. Une narration naturelle & touchante, des réflexions sages & lumineuses, font ressortir la beauté du Modèle que l'Auteur propose au Clergé pour soutenir la dignité du Sacerdoce, & à tous les Fidelles pour enflammer l'amour de la vertu.

A Toulouse, le 30 Décembre 1787.

PIJON, *Professeur Royal de Théologie, & Censeur Royal.*

PRIVILÉGE DU ROI.

LOUIS, PAR LA GRACE DE DIEU, ROI DE FRANCE ET DE NAVARRE : A nos amés & féaux Conseillers, les Gens tenans nos Cours de Parlement, Maîtres des Requêtes ordinaires de notre Hôtel, Grand-Conseil, Prévôt de Paris, Baillifs, Sénéchaux, leurs Lieutenans Civils & autres nos Justiciers qu'il appartiendra : SALUT. Notre amé le sieur Abbé CAMPARDON, Vicaire Général d'Auch, Nous a fait exposer qu'il désireroit faire imprimer & donner au Public la *Vie de M. l'Abbé de Laroque, Prévôt de l'Église d'Auch, & Grand Vicaire du Diocèse,* s'il Nous plaisoit lui accorder nos Lettres de permission pour ce nécessaires. A CES CAUSES, voulant favorablement traiter l'Exposant, Nous lui xiij

avons permis & permettons par ces Préfentes , de faire imprimer ledit Ouvrage autant de fois que bon lui femblera , & de le faire vendre & débiter par tout notre Royaume , pendant le temps de cinq années confécutives , à compter du jour de la date des Préfentes. FAISONS défenfes à tous Imprimeurs, Libraires & autres perfonnes , de quelque qualité & condition qu'elles foient , d'en introduire d'impreffion étrangère dans aucun lieu de notre obéiffance. A la charge que ces Préfentes feront enregiftrées tout au long fur le Regiftre de la Communauté des Imprimeurs & Libraires de Paris , dans trois mois de la date d'icelles ; que l'impreffion dudit Ouvrage fera faite dans notre Royaume & non ailleurs , en bon papier & beaux caractères ; que l'Impétrant fe conformera en tout aux Règlemens de la Librairie , & notamment à celui du 10 Avril 1715 , & à l'Arrêt de notre Confeil du 30 Août 1777 , à peine de déchéance de la préfente Permiffion ; qu'avant de l'expofer en vente , le manufcrit qui aura fervi de copie à l'impreffion dudit Ouvrage fera remis dans le même état où l'Approbation aura été donnée ès mains de notre très-cher & féal Chevalier Garde des Sceaux de France , le Sieur DE LAMOIGNON , Commandeur de nos Ordres ; qu'il en fera enfuite remis deux exemplaires dans notre Bibliothéque publique , un dans celle de notre Château du Louvre , un dans celle de notre très-cher & féal Chevalier Chancelier de France , le Sieur DE MAUPEOU , & un dans celle dudit Sieur DE LAMOIGNON ; le tout à peine de nullité des Préfentes : Du contenu defquelles vous mandons & enjoignons de faire jouir ledit Expofant & fes ayanscaufe pleinement & paifiblement , fans fouffrir qu'il leur foit fait aucun trouble ou empêchement. VOULONS qu'à la copie des Préfentes , qui fera imprimée tout au long , au commencement ou à la fin dudit Ouvrage , foi foit ajoutée comme à l'original. COMMANDONS au premier notre Huiffier ou Sergent fur ce requis , de faire pour l'exécution d'icelles , tous actes requis & néceffaires , fans demander autre permiſſion , & nonobſtant clameur de Haro , Charte Normande , & Lettres à ce contraires : Car tel eſt notre plaiſir. DONNÉ à Verſailles le treiſième jour du mois de Février , l'an de grâce mil ſept cent quatre-vingt-huit, & de notre Règne le quatorzième.

RAR LE ROI EN SON CONSEIL.

LE BEGUE.

*Regiſtré ſur le Regiſtre **XXIII.** de la Chambre Royale & Syndicale des Libraires & Imprimeurs de Paris , Nº. 1289 , fol. 472 , conformément aux diſpoſitions énoncées dans la préſente Permiſſion ; & à la charge de remettre à ladite Chambre les neuf exemplaires preſcrits par l'Arrêt du Conſeil du 16 Avril 1785. A Paris , le 19 Février 1788.*

KNAPEN , Syndic.